交通行业软件研究与应用系列

AnyLogic中国独家经销商：北京格瑞纳电子产品有限公司授权

AnyLogic
行人交通仿真

实用教程

主　编　林庆峰　张蕴智
副主编　刘淼淼　王坤祺　薛珩宇
参　编　李国楠　王洪朋　杨乐君　冯立玮

AnyLogic
A Practical Tutorial on Pedestrian Traffic Simulation

机械工业出版社
CHINA MACHINE PRESS

AnyLogic提供多智能体、离散事件系统和系统动力学三种仿真建模方法，并支持多方法的集成应用。本书利用AnyLogic软件实现行人交通系统的建模与仿真，旨在帮助读者加深对行人交通仿真的基本理论和建模方法的理解，系统掌握行人交通仿真建模的基本方法。本书既有建模方法的介绍，又有丰富的实战案例详解，能为相关技术人员更好地掌握行人交通系统的建模与仿真方法提供实践指导。

本书可作为高等院校交通工程、交通运输等专业本科生和研究生教材，也可供相关专业师生和行业工程技术人员参考。

图书在版编目（CIP）数据

AnyLogic行人交通仿真实用教程 / 林庆峰，张蕴智主编. — 北京：机械工业出版社，2024.4

（交通行业软件研究与应用系列）

ISBN 978-7-111-75676-7

Ⅰ.①A… Ⅱ.①林… ②张… Ⅲ.①行人–交通系统–系统仿真–应用软件–教材 Ⅳ.①U491.2-39

中国国家版本馆CIP数据核字（2024）第082193号

机械工业出版社（北京市百万庄大街22号　邮政编码100037）
策划编辑：李　军　　　　　责任编辑：李　军
责任校对：龚思文　张　薇　　责任印制：刘　媛
涿州市般润文化传播有限公司印刷
2024年6月第1版第1次印刷
184mm×260mm·11.25印张·235千字
标准书号：ISBN 978-7-111-75676-7
定价：99.00元

电话服务　　　　　　　　网络服务
客服电话：010-88361066　　机　工　官　网：www.cmpbook.com
　　　　　010-88379833　　机　工　官　博：weibo.com/cmp1952
　　　　　010-68326294　　金　书　网：www.golden-book.com
封底无防伪标均为盗版　机工教育服务网：www.cmpedu.com

前　言

行人交通是一个复杂的系统，其运动具有不规则、随意性的特点。行人交通仿真是通过计算机模拟特定交通环境下行人的行为及活动的交通分析技术。近年来，行人交通仿真作为交通定量化、数字化设计的重要辅助工具与实现手段，已经被越来越广泛地应用在交通设施布局规划、组织与运营管理等方面。

本书以 AnyLogic 软件为载体，详细介绍了行人交通系统仿真建模的基本方法和应用案例。本书中的案例覆盖了机场登机仿真、十字路口交通仿真、地铁站仿真等典型的行人交通仿真场景，且每个案例均给出了详细的软件操作步骤。因此，本书能够帮助读者更好地掌握 AnyLogic 的使用技巧，加深读者对行人交通系统仿真建模技术的理解。

本书共 10 章。第 1 章介绍 AnyLogic 基础知识；第 2 章介绍基于智能体建模，模型包括谢林隔离模型和传染病扩散模型；第 3 章介绍系统动力学建模，模型包括巴斯扩散模型和存量管理模型；第 4 章介绍了离散事件建模，模型主要是银行排队模型；第 5 章介绍了如何应用行人库和流程建模库建立机场登机仿真模型；第 6 章介绍了如何应用智能体面板和行人库建立广场恐怖袭击疏散仿真模型；第 7 章介绍了如何应用行人库与道路交通库建立十字路口仿真模型；第 8 章介绍了如何应用行人库、流程建模库与轨道库建立地铁站仿真模型；第 9 章介绍了 AnyLogic 与其他软件的交互与连接；第 10 章介绍了 AnyLogic 与行人模拟器连接。

本书由北京航空航天大学交通科学与工程学院林庆峰、张蕴智、刘淼淼等人编写。其中，林庆峰负责全书内容的选材和统稿，以及第 1~4 章的编写。张蕴智、薛珩宇、刘淼淼、王坤祺分别负责编写第 5~7 章、第 8 章、第 9 章、第 10 章。此外，参加编写的还有李国楠、王洪朋、杨乐君、冯立玮。本书在编写过程中得到了北京格瑞纳电子产品有限公司的管理层和相关技术人员的大力支持，在此表示感谢。本书可作为高等院校交通工程、交通运输等专业本科生和研究生教材，也可供相关专业师生和行业工程技术人员参考。

由于作者知识水平有限，书中难免有不当之处，敬请各位专家和读者批评指正。

编者
2024 年 5 月

目 录

前言

第 1 章　AnyLogic 基础知识

1.1　AnyLogic 简介 /001
1.2　AnyLogic 安装 /003
1.3　AnyLogic 主要菜单及基础操作 /004
1.4　仿真建模的基本方法 /008
　　1.4.1　基于智能体建模 /008
　　1.4.2　系统动力学建模 /009
　　1.4.3　离散事件建模 /010
课后习题 /010

第 2 章　基于智能体建模

2.1　智能体面板的基本模块 /011
2.2　谢林隔离模型 /014
2.3　传染病扩散模型 /018
课后习题 /023

第 3 章　系统动力学建模

3.1　系统动力学的基本模块 /025
3.2　巴斯扩散模型 /027
　　3.2.1　添加广告效果 /027
　　3.2.2　添加产品扩散的口碑效果 /031
3.3　存量管理模型 /034
　　3.3.1　建立简单供应链模型 /034
　　3.3.2　加入用户交互功能 /036
　　3.3.3　用视图区域创建独立的交互界面 /037
　　3.3.4　加入阶段性暂停功能 /038
课后习题 /040

第 4 章　离散事件建模

4.1　流程建模库的基本模块 /041

4.2　银行排队模型 /052
　　4.2.1　创建简单的排队模型 /052
　　4.2.2　定义模型动画 /053
　　4.2.3　添加柜台员工资源 /055
　　4.2.4　修改从 ATM 出来的顾客流程 /058
　　4.2.5　增加数据统计 /058
课后习题 /059

第 5 章　AnyLogic 行人仿真——机场登机仿真模型

5.1　行人库 /061
5.2　绘制机场布局 /062
5.3　模拟行人流 /063
5.4　添加安检设施 /064
5.5　添加值机设施 /065
5.6　定义登机逻辑 /067
5.7　应用 Excel 表设置航班 /070
课后习题 /076

第 6 章　AnyLogic 行人仿真——广场恐怖袭击疏散仿真模型

6.1　绘制广场布局 /077
6.2　创建恐怖分子智能体 /079
6.3　创建行人智能体 /082
6.4　定义恐怖分子与行人的互动 /084
6.5　添加三维效果展示 /092
6.6　完成导航菜单 /096
课后习题 /098

第 7 章 　AnyLogic 行人库与道路交通库仿真——十字路口仿真模型

7.1 　道路交通库 /099
7.2 　绘制道路布局 /099
7.3 　模拟车流 /100
　　7.3.1 　绘制车流 /100
　　7.3.2 　设置时刻表模拟公交车发车 /103
7.4 　模拟行人流 /105
　　7.4.1 　行人流 /105
　　7.4.2 　模拟行人上下公交车场景 /105
　　7.4.3 　模拟行人过马路场景 /106
7.5 　添加三维效果展示 /108
　　7.5.1 　添加三维模型 /108
　　7.5.2 　设置不同视角 /109
7.6 　信号灯配时优化 /112
　　7.6.1 　车辆延误的计算 /112
　　7.6.2 　模型优化实验 /112
课后习题 /113

第 8 章 　AnyLogic 行人库与轨道库仿真——地铁站仿真模型

8.1 　轨道库 /115
8.2 　绘制地铁站布局 /116
8.3 　创建行人智能体 /119
8.4 　添加售票与安检设施 /120
　　8.4.1 　创建安检、售票与检票智能体 /120
　　8.4.2 　封装售票与检票智能体 /122
　　8.4.3 　封装安检智能体 /124
　　8.4.4 　初始化智能体 /131

　　8.4.5 　定义寻找队列函数 /134
8.5 　定义行人进站流程 /136
　　8.5.1 　定义双层布局下的行人下楼梯流程 /136
　　8.5.2 　定义限流路线 /137
　　8.5.3 　定义行人任务 /139
8.6 　定义地铁进站流程 /141
8.7 　封装地铁站台 /143
8.8 　定义行人上下地铁流程 /147
课后习题 /150

第 9 章 　AnyLogic 与其他软件的交互与连接

9.1 　AnyLogic-MATLAB 交互 /151
　　9.1.1 　Engine API 方式连接 /151
　　9.1.2 　Jar 包方式连接 /153
9.2 　AnyLogic-Oracle 连接教程 /155
9.3 　AnyLogic-DAE 导入教程 /157
9.4 　AnyLogic-CAD 导入教程 /158
课后习题 /160

第 10 章 　AnyLogic 与行人模拟器连接

10.1 　行人模拟器 /161
10.2 　UDP 数据传输 /161
10.3 　行人行走控制 /164
10.4 　AnyLogic-VR 连接 /170
课后习题 /173

参考文献 /174

行人交通仿真实用教程

第 1 章　AnyLogic 基础知识

本章重点介绍了 AnyLogic 的基础知识，包括 AnyLogic 简介、安装、主要菜单及基础操作。然后简要介绍了 AnyLogic 仿真建模的基本方法，包括基于智能体建模、系统动力学建模、离散事件建模。

1.1　AnyLogic 简介

AnyLogic 是由 AnyLogic 公司开发的综合性仿真软件，支持多种建模方法（多智能体、离散事件、系统动力学等）。其应用领域包括物流、供应链、制造生产业、行人交通仿真、城市规划建筑设计、Petri 网、城市发展及生态环境、经济学、业务流程、服务系统、应急管理、地理信息系统（GIS）、公共政策、港口机场、疾病扩散等。AnyLogic 是一种可以创建真实动态模型的可视化工具。用户可以快速地构建复杂交互式动态仿真模型，而且软件拥有强大的二次开发能力，方便用户开发自定义库件。

AnyLogic 的优势在于设计包括离散、连续和混合行为的复杂系统。该软件可以帮助用户快速地构建并设计系统的仿真模型（虚拟原型）和系统的外围环境，包括物理设备和操作人员。AnyLogic 的建模技术以 UML-RT、Java 和微分方程为基础。AnyLogic 也提供一系列针对不同领域的专业库。

该软件可用于微观到宏观等不同层次的仿真，即从"微观"——考虑精确的尺寸、距离、速度和时间事件的操作层，到"宏观"——考虑全局回馈动态系统、累计值、更长期趋势和战略决策的战略层。各层的具体描述如下：

（1）战略层

包括市场与竞争、研发项目管理、社会和生态系统动力学、城市动力学、卫生经济学等领域。AnyLogic 模型可以被公司用作战略决策支持工具，并用于分析战略层面的业务问题，具体的业务范围包括：

1) 预测在特定市场内投放广告的有效性，并选择在竞争中的最优战略。

2) 评估与进入新市场、推出新产品、收购或与另一家公司合并相关的风险和收益。

3）根据特定的投资计划，评估在给定风险因素下的预期回报；在不确定性、冲突和复杂的相互依赖的情况下确定最优的研发项目规划。

4）比较城市区域发展的不同状况，预测在人口、基层组织和生态方面的影响。

5）估计疾病传播的动态系统，并找到适当的解决方案。

AnyLogic 支持系统动力学的相关元素，通过引入对象、接口和层次化，为系统动力学模型提出了更好的结构。此外，用户可以借助 AnyLogic 定义复杂的离散事件逻辑，并将它们与连续的系统动力学部分结合起来。

AnyLogic 是能够有效地基于智能体进行建模的工具。AnyLogic 主动对象是智能体天然和现成的基础，它们拥有的属性包括：可以动态创建和销毁；在空间中移动；相互之间交流；具有行为、知识和目的。基于智能体的建模用于建模市场（智能体是客户）、竞争和供应链（智能体是公司）、人口（智能体是家庭或个人）或其他大型系统的建模。这样的模型可以从个体行为的规则和假定（例如忠于产品或更换产品、药物使用、位置改变等）来得到系统全局的动态，而不需要了解全局的规则。

通过结合公司战略层的系统动力学和基于智能体的市场模型以及生产和物流的离散事件模型，用户可以准确有效地描述供应链，这为决策提供了坚实的基础。

（2）操作层

包括供应链、交通、废料管理、电力网、运输、动态系统与控制、机电系统、保健、计算机与电信网络、医院急诊部、呼叫中心、物流与仓储、工厂车间、物料流等领域。一些具体应用领域（例如工厂车间、仓库、超市、医院、计算机网络等）的"行业解决方案"都构建于离散和混合离散/连续建模的核心语言之上。

AnyLogic 标准库中有一些通用的对象（如队列、延时、传送带、资源等）以及一些专用的库（如物料流库），都包含在标准发行包中。库对象使得用户可以通过鼠标拖放快速的开发模型，这些对象都可以十分灵活地参数化，并可以用在 AnyLogic 模型的等级化的面向对象结构中。用户可以创建自己的对象和库。特别设计的动画技术使用户能够迅速地将模型连接到工程绘图中，并为排队、处理、运输和其他操作提供许多有用的模板。

使用 AnyLogic 在操作层建模，典型的应用如下：

1）研究影响性能的关键因素，并定位瓶颈所在。

2）最小化中间产品库存量，并对生产线进行平衡。

3）优化布局和资源配置，分析和提高生产能力。

4）解决在不确定条件下进行规划的问题。

5）精确快速地对可选择的制造技术进行评估。

6）评估对器材或人员的计划投入能带来的回报。

7）最大化员工的利用率，缩短对客户进行回应的时间和降低每次交易的成本。

8）评估 IT 解决方案的效率并最小化其成本。

(3)物理层

针对类似行人和车辆的移动，服务区、体育馆、博物馆、机场等的布局计划，紧急情况及人员疏散等问题，需要在二维和三维空间中对对象的行为进行更为详细的建模。作为基于智能体的建模工具，AnyLogic 提供了对空间敏感的对象（人、车辆等）的建模，这些对象相互之间可见，相互之间能够进行交流，具有目的性，并且能够做出决定。AnyLogic 支持对移动对象流以及设施布局图中发生特殊行为的区域进行直接定义。

使用 AnyLogic 在物理层建模，典型的应用如下：

1）计量公路、交通枢纽、地铁站等的吞吐量。
2）分析、比较、优化交通管理算法。
3）定位设置标志牌的最优地点。
4）对生产车间、仓库、超市、停车场等地的布局图进行设计。
5）仿真疏散过程。
6）找出恐怖分子可能袭击的安保最薄弱的地点。

1.2 AnyLogic 安装

AnyLogic 8 软件的安装过程为：

1）登录 https://www.AnyLogic.cn/downloads/，进入下载界面。其中，Personal 版本为个人试用免费版，University 社区版本和 Professional 专业版本功能更全面，需付费使用。本章以 Personal Learning Edition 为例，安装 AnyLogic 8.8.3。

2）单击下载试用后，弹出一个表格，按照自己的真实信息填写即可获得 Personal 版本。

3）下载 Personal 版本后进行安装，进入安装界面。单击 Install，则在默认路径安装，如需更改安装路径或修改语言，单击 Customize 修改即可。

4）安装完成后会自动进入 AnyLogic 欢迎界面，如图 1.1 所示。单击 Create a model，或关闭欢迎界面并选择创建新模型，即可进入工作界面。

图 1.1　AnyLogic 欢迎界面

1.3 AnyLogic 主要菜单及基础操作

（1）工作界面简介

单击"文件 – 新建 – 模型"创建新模型（快捷键 Ctrl+N），会弹出定义新模型属性的弹框（图 1.2）。这里可以定义模型的名称、保存的位置以及模型的时间单位，然后单击 Finish 即可进入工作界面。

若安装时未修改语言，需要将界面语言修改为中文，单击右上角 Tools-Preferences-General，进入图 1.3 所示界面，修改 Language 为中文后重新启动软件即可。工作界面最上方区域为菜单栏和工具栏，下方区域由左至右依次为工程视图、面板视图以及属性视图。

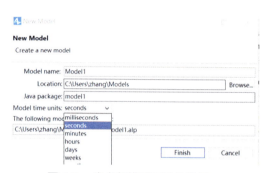

图 1.2　定义新模型属性的弹框

图 1.3　Preferences 界面

（2）菜单栏和工具栏

1）菜单栏：包括详细的命令，如文件、编辑、视图等。

2）工具栏：包括大部分命令的快捷方式，主要包括文件菜单、编辑菜单、模型菜单和绘图菜单等，如下所示：

文件菜单：从左至右分别是新建模型、打开模型、保存模型、保存所有模型，如下所示：

编辑菜单：从左至右分别是撤销、重复、剪切、复制、粘贴、删除，如下所示：

模型菜单：从左至右分别是构建模型、运行、停止运行，如下所示：

绘图菜单：从左至右分别是查找/替换、缩放到100%、放大、缩放、缩小、视图区域、显示/隐藏网络，如下所示：

（3）工程视图

工程视图可以帮助用户在不同模型项目间浏览，如图 1.4 所示。模型中的所有元素按照层次组成工程树，针对每一个元素的操作如下：

1）双击元素：打开编辑器或修改元素属性。

2）右键单击元素：打开关联菜单。

3）单击左侧小箭头：查看该元素下属分支结构。

此处需要注意的是，运行模型实际上是运行模型的一个实验。默认情况下，每个模型都有一个名为 Simulation 的模拟实验。在菜单栏中单击下拉箭头选择要运行的模型即可进入运行窗口，用户可在此修改运行时长，如图 1.5 所示。

（4）面板视图

在面板视图中，模型组件可以按照不同的库资源进行分组，将鼠标指针悬停在左侧垂直导航栏，可以看到带有库名称的下拉列表，如图 1.6 所示。在列表中选择相应的库名称即可看到库中的组件。

（5）基础操作

面板视图右侧的网格区域为画布区域，所有操作都在这里进行。面板中不同元素的添加方式如下：

1）常见对象：直接拖拽对应元素至画布中。

2）状态或形状：双击选中对应元素后可在画布中进行绘制，或直接将对应组件拖拽至画布中。

3）多点对象（如演示面板中的折线、行人库中的路径等）：以行人库的路径组件为例，双击选中路径后在画布上单击，创建出每一个路径的转折点后，双击即可完成路径的绘

图 1.4 工程视图

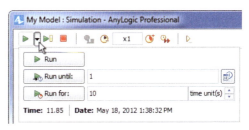

图 1.5 Simulation 视图

图 1.6 面板视图

制,如图 1.7 所示。

图 1.7　行人库路径的绘制

对于画布及画布中已创建的对象,可以有如下操作:① Ctrl+ 拖动:复制选中对象;② 左键 + 拖动:移动选中对象;③ 右键 + 拖动:移动画布;④ 单击左键拖拽、框选多个对象:选中多个对象;⑤ Shift+ 单击:可以同时选中多个对象。

(6)属性视图

属性视图位于画布右侧,打开方式包括:① 单击画布中的对象;② 在菜单栏 – 属性栏中打开属性视图;③ 双击工程视图中想设置或修改其属性的对象。

属性界面会显示所选对象的属性,图 1.8 所示为新建模型中 Main 智能体的属性视图。

图 1.8　新建模型中 Main 智能体的属性视图

(7)运行视图

建立一个模型后,可以在导航栏上的右侧小三角 ◎▾ 中选择运行相应的模型。若模型运行成功,会弹出窗口显示运行成果,如图 1.9 所示。

在运行视图的下方控制栏中,可以控制模型的运行、暂停、终止以及运行倍速。

▸ :单击可使模型运行或暂停。

▪ :单击可使模型终止。

◎ ▬ ▸ :调整模型的运行倍速,单击左侧减小倍速,单击右侧可增大倍速。

图 1.9 运行视图

☺：若设置了模型终止时间，可以单击此处让模型直接快速运行至设置好的模型终止时间。

在项目的画布中可以添加三维视图和二维视图，这样在运行之后能够使模型可视化。其中，图 1.10 所示为可在运行视图中添加的动画，包括三维动画、二维动画、动画流程图和统计图，分别如图 1.10a～d 所示。

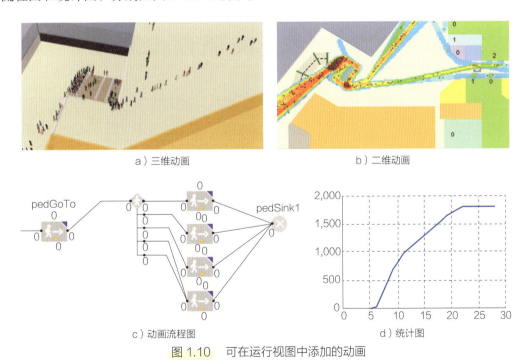

图 1.10 可在运行视图中添加的动画

（8）快捷键

AnyLogic 提供了大量的快捷键来帮助执行常用命令，主要分为两类：鼠标与键盘共同控制的快捷键（表 1.1）和键盘单独控制的快捷键（表 1.2）。

表 1.1　鼠标与键盘共同控制的快捷键

Windows	Mac OS	效果
Ctrl+ 滚动	Cmd+ 滚动	滚动放大或缩小图表
Alt+ 单击	Option+ 单击	选中组中的某个元素
Ctrl+ 拖动	Cmd+ 拖动	复制并粘贴目前元素
Alt+ 拖动	Option+ 拖动	在运行模型时，在 3D 窗口中改变俯视的角度
Shift+ 拖动	Shift+ 拖动	以被选中的物体为中心，将其垂直或水平移动

表 1.2　键盘单独控制的快捷键

Windows	Mac OS	效果
Ctrl 和 +	Cmd 和 +	缩小画布
Cmd 和 –	Cmd 和 –	放大画布
Ctrl+0	Ctrl+0	调整画布大小为 100%
Ctrl+A	Cmd+A	选择画布中的所有元素
Ctrl+X	Cmd+X	剪切选中的元素到剪贴板
Ctrl+C	Cmd+C	复制选中的元素到剪贴板
Ctrl+V	Cmd+V	从剪贴板粘贴元素
F2	F2	重命名选中的元素
Del	Del	删除目前选中的元素
方向键	方向键	以每 10 像素上下左右移动选中的元素
Shift+ 方向键	Shift+ 方向键	以每 1 像素上下左右移动选中的元素
Ctrl+Z	Cmd+Z	撤销之前的操作
Ctrl+Y	Ctrl+Y	取消撤销

1.4　仿真建模的基本方法

仿真建模方法是将现实世界系统映射到模型的框架中。常用的建模方法主要包括基于智能体建模、系统动力学建模和离散事件建模。AnyLogic 是市面上为数不多的可以同时支持以上三种方法的仿真软件，它可以以任意组合的方式进行混合仿真。

1.4.1　基于智能体建模

从实际应用的角度来看，基于智能体建模是一种分散的、以个体为中心的建模方法。从编程的角度来看，智能体就是一个 Java 类，基于智能体建模是一种面向对象的方法。当设计一个基于智能体的模型时，用户可以定义智能体的行为，将其放置在相应的空间（连续、离散或 GIS）中，智能体与智能体之间既可以相互独立，也可以继承或建立连接。在 AnyLogic 中，基于智能体建模可以有效地和其他方法相结合。基于智能体建模的主要作用如下：

（1）基于智能体建模是一种用户自主组织的新方法

传统的建模方法大部分针对一个进程中被动的智能体或资源。基于智能体建模实际上是一系列相互作用的能够反映真实世界物体和关系的智能体。因此，基于智能体建模在理解和管理当下商业和社会体系方面是进步的标志。

（2）基于智能体建模能够使用户数据发挥作用

当前许多公司和政府机构存在大量未被使用的数据，基于智能体建模是一种利用数据并使其工作的自然方法。只要基于智能体的模型本质上是独立的，就可以建立具有真实属性的智能体。

基于智能体的建模主要依赖智能体对象类型，如通过客户智能体建模市场，通过公司智能体建模竞争和供应链，通过家庭或个人建模人口等。这样的模型可以从个体行为的规则和假定来得到系统全局的动态，而不需要了解全局的规则。在 AnyLogic 中，智能体可以用来构建不同的事物，包括人、公司、项目、资产、车辆、城市、动物、船舰和产品等，如图 1.11 所示。

图 1.12 所示为基于智能体创建的传染病扩散模型。该模型可以解释为：在传染病模型里，每个人有 4 种状态，即易染（Susceptible）、潜伏（Exposed）、患病（Infectious）、免疫（Immune）。初始阶段人处于易染期，一旦接触了患病的人（即模型里设置的传播消息"Infection"），就进入潜伏期，紧接着就表现出病症，进入患病期，最后对这种疾病产生抗体，进入免疫期，持续一段时间后又重新进入易染状态。

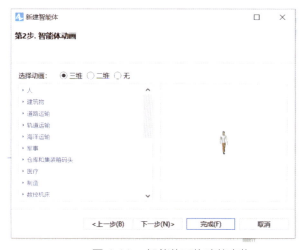

图 1.11　智能体可构建的事物

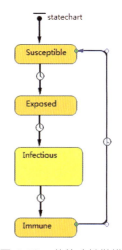

图 1.12　传染病扩散模型

1.4.2　系统动力学建模

系统动力学建模是一种非常抽象的建模方法。它通常忽略系统的细节（例如人员、产品或事件的单个属性）来生成复杂系统的一般表示。系统动力学一般应用于长期的、战略性的建模和仿真。

系统动力学建模是一种严格的建模方法，能够帮助用户理解复杂系统的结构和动力学，并使得用户根据现有数据对未来趋势进行预测，以便于决策。

图1.13所示为基于系统动力学创建的市场销售模型。该模型可以解释为：市场中的消费者本来不知道某种商品，广告效应和口碑效应会驱动消费者的购买决定，两效应间也会相互影响；同时产品的生命周期有限，100%的消费者会愿意购买新产品替代老产品。

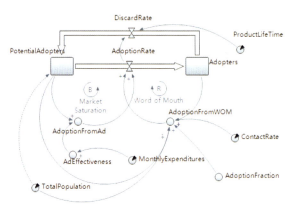

图 1.13　基于系统动力学创建的市场销售模型

1.4.3　离散事件建模

与连续事件不同，离散事件在时间上和空间上都是离散的。离散事件在生产和生活中是很常见的，例如超市购物本身就是一个离散事件系统，它由顾客和收银员等元素组成。在离散事件系统中，各事件以某种顺序或基于某种条件发生，并且大都是随机性的。所以，其模型很难用某种规范的形式，一般采用流程图或者网络图的形式来定义实体在系统中的活动。

离散事件系统在建模时，只需考虑系统内部状态发生变化的时间点和发生这些变化的原因，而不用描述系统内部状态发生变化的过程。在AnyLogic中，离散事件主要用于狭义地代表"以过程为中心"的建模，其建模的思路是将建模的系统视为一个流程，通过流程中的每个阶段和活动来反映系统的运行和变化。

排队系统是典型的离散事件系统，因为顾客人数这个变量只有当顾客到达或者离开时才会发生变化。图1.14所示为使用AnyLogic建立的排队系统流程图。

图 1.14　排队系统流程图

课后习题

1）简述AnyLogic软件的工作界面组成和基本内容。

2）简述AnyLogic软件仿真建模的三种基本方法。

第 2 章　基于智能体建模

本章重点介绍 AnyLogic 中智能体面板的基本模块，以及谢林隔离模型和传染病扩散模型的构建方法。其中，智能体面板的基本模块主要介绍定义属性、定义行为和批量处理数据方法；谢林隔离模型构建方法主要包括创建人群智能体、设置人群颜色、创建城市边界、设置人群可见和人口随机分布等内容；传染病扩散模型构建方法主要包括创建人群智能体、创建 4 种状态、连接不同状态、创建内部变迁等内容。

2.1　智能体面板的基本模块

（1）定义属性（参数 + 变量 + 集合）

参数：参数通常用于定义某类智能体的属性。当对象实例在类中有相同的行为时可以有相同的参数，也可以有不同的参数。用户可自定义参数。

变量：变量通常用于存储模型模拟过程的某一变量，或者某一智能体的属性。

集合：用来把数据对象的多个元素定义到一个单元中，AnyLogic 支持 Java 集合框架的 ArrayList 和 LinkedList 集合。

参数与变量的异同：参数与变量都可以用来传递数据，都是可变的。变量是指被观察单位的特征，代表的只是某一数值；而参数是相对于总体分布而言的，反映总体基本信息的特征，在编程时可作为方法使用。另外参数还有值编辑器功能，用户可在运行时修改其数据；用户创建实验也涉及参数的设置。

（2）定义行为（事件和状态图）

事件（event）和状态图都可以用来定义智能体行为。事件通常用于简单行为，比较便捷；状态图用于复杂行为，功能较全面。

事件通常被用来延迟和定时。有时事件与在状态图中使用触发条件为到时作用相同，但使用事件更有效率。

比较事件和动态事件（dynamic event）。事件有两种类型：事件和动态事件。这两种方法都对在主题中安排一些用户定义的操作负责。动态事件和事件之间的区别在于，动态事件在发生之后会自动删除，设置动态事件的代码如下：

```
create_dynamic_event_name(timeout,timeUnits,parameter1,parameter2,…)
```

例如，命名动态事件为 ArrivalEvent，设置事件在模型开始的第 15 分钟产生，产生该事件的代码如下：

```
create_ArrivalEvent(15,MINUTE)
```

若产生事件的时间单位"分钟"与模型时间单位相同，用户可省略掉时间单位，代码如下：

```
create_ArrivalEvent(15)
```

在动态事件 DeliveryEvent 中还有 weight 和 sender 两个参数，代码如下：

```
create_DeliveryEvent(2,DAY,12,this)
```

🖉 状态图可用来定义一些更复杂的，不能用事件和动态事件来定义的行为。状态图面板如图 2.1 所示。应用状态图面板绘制一个简单的状态图如图 2.2 所示。

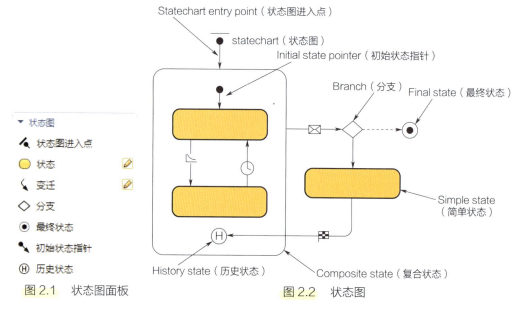

图 2.1　状态图面板　　　　　图 2.2　状态图

面板中各个插件的具体含义如下：

🖉 状态图进入点：用于指示状态图的初始状态，每一个状态图都应定义一个状态图进入点。

- 状态：表示对条件或事件具有一组特定反应的控制位置。
- 变迁：表示从一种状态切换到另一种状态。
- 分支：表示转换分支或连接点。通常使用分支来创建具有多个目标状态的转换。
- 最终状态：最终状态是状态图的终止点。当控件进入最终状态时，状态图将终止。
- 初始状态指针：初始状态指针能够指向复合状态中的初始状态。
- 历史状态：历史状态能够记录复杂的状态图中的某一状态。历史状态分为浅历史状态和深历史状态。

从状态图进入点开始，在不同状态直接切换，状态与状态之间由变迁触发，还可以通过分支设置条件，状态图末端为最终状态。

浅历史状态是指在同一层次上，在相同的等级级别上的最近访问的状态。浅历史状态指向最近访问的复合状态的初始状态指针，如图 2.3 所示。深历史状态指向最近访问的复合状态中的某一状态，如图 2.4 所示。

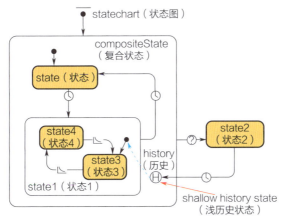

图 2.3　浅历史状态

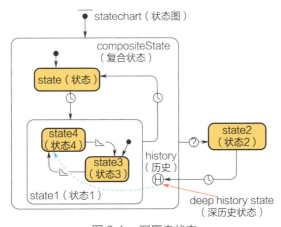

图 2.4　深历史状态

（3）批量处理数据（时间表和表函数）

▣时间表：AnyLogic 为用户提供时间表，允许根据已有模式来定义某些值如何随时间变化。时间表既可以定义时间间隔，也可以用于处理离散时间。

时间表经常被用于：用资源池定义的时间表；智能体的生成时间或资源模块中产生智能体的速率；行人到达的时间或行人库资源模块中产生智能体的速率。此外，时间表可以通过编程被调用。

▣表函数：以表形式定义表示复杂的非线性关系的函数。

2.2 谢林隔离模型

谢林隔离模型作为基于智能体建立的基本模型之一，可以解释为：在一个基于离散空间/离散时间的智能体模型里，空间代表一个城市，网格代表一个住所，智能体为两种颜色的人，即黄色和红色（颜色代表偏好）。刚开始，人口随机分散在城市空间里，由于人口数小于房屋的数量，所以人们会根据自身偏好更换住处。故本模型智能体的基本逻辑为：如果一个人周围和他颜色相同的邻居的百分比小于标准，他就会感到不悦，继而随机搬至其他地方居住；否则他不会搬走。

1）创建人群智能体：创建新的模型，命名为"谢林隔离模型"。打开智能体面板，拖动智能体到画布中，选择"智能体群"；命名智能体群为 people，每个智能体为 Person；选择智能体的动画图形"二维"，单击"完成"按钮。创建新智能体类型如图 2.5 所示。

图 2.5 创建新智能体类型

2）设置人群颜色：双击打开 Person 智能体，拖动参数到画布中，命名为 color，类型为 Color，默认值如下：

```
randomTrue(0.5)?red:yellow
```

设置人群颜色如图 2.6 所示。

图 2.6　设置人群颜色

3）创建城市边界：拖动演示面板中的矩形至画布中，通过设置修改线颜色为"无色"，填充颜色由参数 color 决定，并调整大小和位置（设置矩形位置为原点），如图 2.7 所示。

图 2.7　设置矩形属性

4）设置人群可见和人口随机分布：回到 Main 智能体中，单击 people 智能体查看属性，设置初始对象数为 8000，并在"高级"选项里选择"Show presentation"，如图 2.8 所示。单击 Main 智能体，编辑"其他智能体的环境"选项，勾选"启用分步"（设置初始位置为"人口随机分布"），如图 2.9 所示。

运行模型，查看模型初始状态，如图 2.10 所示。

5）设置人群偏好：打开智能体面板，添加参数到 Main 智能体中，并修改名称为 Preference，类型为 double，默认值为 0.6，如图 2.11 所示。此处默认值设为 0.6 的含义为：如果居民周围至少 60% 的人和他的颜色一样，就保持原有住所。

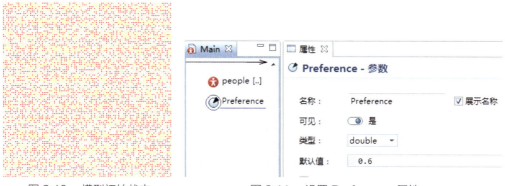

图 2.8　设置 people 智能体属性 　　　　图 2.9　设置人口随机分布

图 2.10　模型初始状态　　　　图 2.11　设置 Preference 属性

双击打开 Person 智能体，向 Person 中增加一个布尔变量，命名为 happy，用以判断居民是否开心，如图 2.12 所示。

图 2.12　添加 happy 变量

6）偏好判定程序：进入 Person 智能体界面，在"Agent actions- 每步前"选项卡处输入代码：

```
Agent[]neighbors=getNeighbors();
if(neighbors==null){
  happy=true;
 }else{
    int nsamecolor=0;
    for(Agent a:neighbors)
      if( ((Person)a).color.equals(color))
         nsamecolor++;
         happy=nsamecolor>=neighbors.length*get_Main().Preference;
    }
```

在 "Agent actions- 每步时" 选项卡处输入代码:

```
if(!happy)
   jumpToRandomEmptyCell();
```

偏好判定程序具体设置如图 2.13 所示。

再次运行模型,人口居住图发生变化,如图 2.14 所示。

图 2.13　偏好判定程序具体设置　　图 2.14　Preference 为 0.6 时的人口居住图

7)通过滑块调整人口偏好:回到 Main 智能体中,打开控件面板,拖动滑块到 Main 中,并设置滑块连接到参数 Preference,最小值为 0,最大值为 1,单击添加标签。设置滑块属性如图 2.15 所示。滑块的作用是控制人口偏好。

⚠注意:单击添加标签,滑块会显示出最大值、最小值、当前参数值。

重新运行模型,滑动滑块,使 Preference=0.7,发现当居民对颜色相同要求有些提高时,颜色聚集程度大大提高。Preference 为 0.7 时的人口居住图如图 2.16 所示。

图 2.15 设置滑块属性　　　　图 2.16 Preference 为 0.7 时的人口居住图

2.3 传染病扩散模型

传染病扩散模型作为基于智能体建立的基本模型之一，可以解释为：在传染病模型里，每个人有 4 种状态，即易染、潜伏、患病、免疫。初始阶段人处于易染期，一旦接触了患病的人（即模型里设置的传播消息"Infection"），就进入潜伏期，紧接着就表现出病症，进入患病期，最后对这种疾病产生抗体，进入免疫期，持续一段时间后又重新进入易染状态。

1）创建人群智能体：创建一个新的模型，命名为"传染病扩散模型"。打开智能体面板，拖动智能体到画布中，选择"智能体群"；命名智能体群为 people，每个智能体为 Person；选择动画图形为"无"；创建拥有 10000 个智能体的智能体群；单击完成。创建智能体大小如图 2.17 所示。

图 2.17 创建智能体大小

⚠注意：此处建立一个有 10000 个智能体的智能体人口，且不需要对智能体设置动画，因为本模型只关注传染病传播。

2）创建 4 种状态：双击打开 Person 智能体，打开状态图面板，拖动状态图进入点到画布中；拖动第一个状态并令其与状态进入点连接，命名为 Susceptible，如图 2.18 所示。

图 2.18　创建第一个状态

⚠注意：如果状态与进入点连接成功，单击连接线会出现小绿圆圈。

依次拖动剩余的 3 个状态到画布中，分别命名为 Exposed、Infectious、Immune，完成后如图 2.19 所示。

⚠注意：单击状态，右下角可以拖动大小。在属性栏里可以修改颜色。

3）连接不同状态：依次拖动变迁到各个状态之间进行连接，完成后如图 2.20 所示。

⚠注意：短距离的变迁可以直接拖动，系统会自动连接两个状态。绘制 Immune 和 Susceptible 之间的变迁线时，双击激活绘图，先单击 Immune，再单击需要拐弯的地方，最后单击 Susceptible，完成绘制。

图 2.19　创建其余 3 个状态　　　图 2.20　连接不同状态

单击各个变迁依次进行属性修改，依次命名 4 个变迁为 Infection、EndOfLatency、EndOfIllness、EndOfImmunity。此处注意，Infection 变迁触发条件为特定消息，而其他 3 个变迁触发条件应修改为到时，并修改到时。

修改不同变迁的属性如图 2.21 所示。

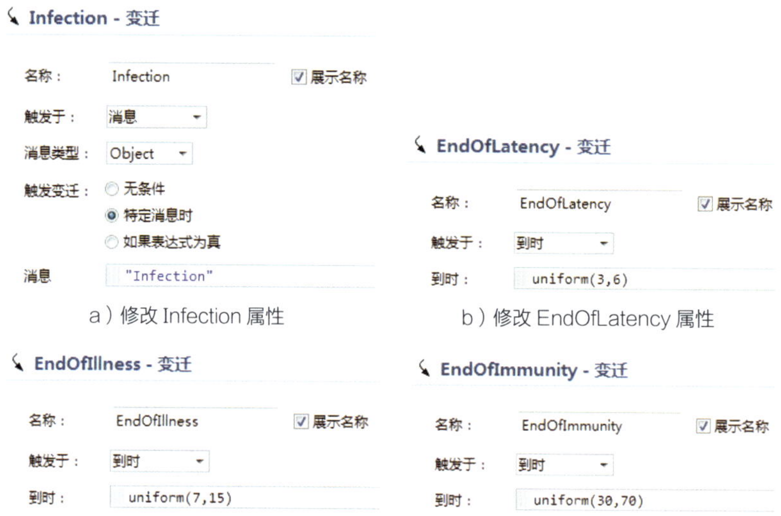

a）修改 Infection 属性　　b）修改 EndOfLatency 属性

c）修改 EndOfIllness 属性　　d）修改 EndOfImmunity 属性

图 2.21　修改不同变迁的属性

在模型中，模型的 1 分钟用来模拟真实生活中的 1 天。此处不同的触发条件依次表示：①疾病只通过接触消息"Infection"传播；②被传染以后，不会立刻就表现出症状，有 3~6 天的潜伏期；③潜伏期之后，患病期会持续 3~15 天；④当患病的人痊愈后，就会对这种传染病产生抗体，但是不会一直免疫，免疫期只会持续 30~70 天。

4）创建内部变迁：从状态图面板中拖动变迁到 Infectious 状态中，命名为 Contact，展示名称，并修改触发方式为"速率：5*0.1"，指定行动处输入代码：

```
sendToRandom("Infection")
```

创建 Infectious 内部变迁如图 2.22 所示。

⚠注意：①变迁线的起点和终点都在 Infection 状态图中；②本模型中，患病的人是通过消息"Infection"向他接触的人传播病毒的。每人单位时间接触 5 人，接触的人患病的概率是 0.1，所以传播速率为 5*0.1。

5）设置模型运行时随机感染：回到 Main 智能体中，在 Main 智能体启动时输入代码：

```
for(int i=0;i<10;i++){
    send("Infection",people.random());}
```

设置 Main 智能体的初步行动如图 2.23 所示。

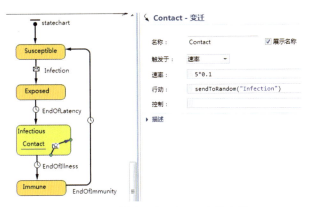

图 2.22　创建 Infectious 内部变迁

图 2.23　设置 Main 智能体的初步行动

6）添加统计人数的函数：单击 Main 中的 people 智能体群，进入属性页。单击"统计"中的"添加统计"，依次增加 Infectious、Exposed、Susceptible、Immune 人数的统计函数，如图 2.24 所示。

图 2.24　添加统计人数的函数

> ⚠️ **注意**：此处指定 item.statechart.isStateActive(Person.Infectious) 为类的统计函数条件。这里 item 表示当前智能体，statechart 为状态图名称，isStateActive() 是状态图的一个标准方法，Infectious 是在智能体内定义的状态名称，这就是需要 Person 前缀的原因。

7）添加 InfectiousDS 的数据集：打开分析面板，拖动数据集插件到画布中。命名为 InfectiousDS，设置垂直轴值为 people.nInfectious()，最多保留 300 个最新样本，自动更新数据，复发时间为 1 分钟，如图 2.25 所示。

依次添加 ExposedDS、SusceptibleDS、ImmuneDS 3 个数据集，此处只需修改名称和垂直轴值，垂直轴值依次修改为添加好的统计，即 people.nExposed()、people.nSusceptible()、people.nImmune()。

8）在时间折线图中添加数据集：在分析面板中，拖动时间折线图到画布中。编辑时间折线图属性，添加 4 个数据集为数据项，如图 2.26 所示。

图 2.25　添加 InfectiousDS 的数据集　　图 2.26　在时间折线图中添加数据集

继续编辑时间折线图属性，设置数据每 1 分钟自动更新一次，至多显示 300 个最新样本，修改时间窗为 300，如图 2.27 所示。

9）设置模型运行时间：打开工程面板，进入仿真实验面板，设置仿真实验的停止时间为 300，如图 2.28 所示。

图 2.27　设置时间折线图属性　　图 2.28　设置模型运行时间

运行模型，结果如图 2.29 所示。为使横向刻度显示清楚，可适度横向拉长折线图。结果发现易染期、潜伏期、患病期、免疫期呈周期性循环变化。

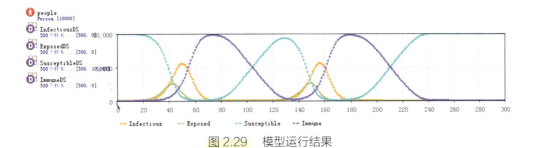

图 2.29　模型运行结果

课后习题

1）在谢林隔离模型中设置不同的人口偏好值，实现对人口分布的控制。

2）在传染病模型中添加一个新的状态并获取其变化趋势。

AnyLogic

行人交通仿真实用教程

第 3 章　系统动力学建模

> 本章重点介绍 AnyLogic 中系统动力学面板的基本模块，以及巴斯扩散模型和存量管理模型的构建方法。其中，系统动力学的基本模块主要介绍存量、流量、动态变量等模块；巴斯扩散模型主要包括添加广告效果和添加产品扩散的口碑效果；存量管理模型主要包括建立简单供应链模型、加入用户交互功能、用视图区域创建独立的交互界面、加入阶段性暂停功能等内容。

3.1　系统动力学的基本模块

系统动力学建模涉及的具体插件如下：

☐ 存量：在系统动力学中也称积量（Level、Accumulations 或 State Variables），表示真实世界中，可随时间推移而累积或减少的事物，包含可见的事物（如存货水平、人员数等）与不可见的事物（如认知负荷的水平或压力等）。它代表某一时间点环境变量的状态，是模型中信息的来源。存量模块设置如图 3.1 所示。

⇨ 流量：也称率量，表示某一个存量在单位时间内量的变化速度，它可以单纯表示增加、减少或净增加率，是信息处理与转换成行动的地方。用户可将流量设置为数组、依赖或常数，设为常数时图标变为 ⇨—。流量模块设置如图 3.2 所示。

图 3.1　存量模块设置

◯ 动态变量：将变量设置为数组、依赖或常数，设为常数时图标变为 ⊖。变量之间的关系分为依赖关系和函数关系。其中，依赖关系是一种非确定性的关系，而函数关系是一种确定的关系。动态变量模块设置如图 3.3 所示。

图 3.2　流量模块设置　　图 3.3　动态变量模块设置

↱链接：链接常用来表示各个元素之间的依赖关系。图 3.4 所示为 ContactRate 与 AdoptionFromWOM 之间的链接，可通过箭头指向或极性设置其依赖关系。

参数：与基于智能体建模中的属性相同，定义某类属性。

表函数：与基于智能体建模中的表函数相同，以表形式定义表示复杂的非线性关系的函数。

图 3.4　ContactRate 与 AdoptionFromWOM 之间的链接

循环：表示循环的方向和类型。方向包括顺时针和逆时针，类型 B 代表平衡（Balancing），类型 R 代表加强（Reinforcing），也可以自定义类型，如 B1、B2，便于用户区分不同的循环。循环模块设置如图 3.5 所示。

图 3.5　循环模块设置

影子：复杂系统动力学模型中通常有许多元素，为了简化模型，用户可新建某元素的影子作为该元素的副本。影子与元素所有的属性都相同。

维度：在 AnyLogic 中可通过多维数组存储具有多个维度的数据。例如，在巴斯扩散模型中，消费者性别不同，广告和口碑作用的结果也不同，所以要在性别维度上进行区分。维度模块的位置如图 3.6 所示。

在模型中，应在存量模块中调用相应的数据维度，如图 3.7 所示。

图 3.6　维度模块的位置　　图 3.7　在存量模块中调用相应数据维度

3.2　巴斯扩散模型

巴斯扩散模型作为应用系统动力学建立的基本模型之一,可以解释为:假设一家公司在某个有确定人口的地方开始销售某产品。该市场总人数不会随时间改变,而且消费者受广告效应以及其他人言论的影响;销售的产品生命周期无限长,而且不需要替代品和重复购买;每个消费者只需要一种产品,而且所有人的行为方式完全相同。

3.2.1　添加广告效果

1)创建客户和潜在客户:创建新模型,命名为"巴斯扩散"。打开系统动力学面板,添加两个存量参数到画布中,分别命名为 PotentialClients(潜在客户)和 Clients(客户),如图 3.8 所示。

2)创建销售流量:双击面板中的流量插件,单击 PotentialClients(表示流量从这里流出),然后单击 Clients(表示流量从这里流进),并命名流量为 Sales,如图 3.9 所示。

⚠注意:若绘制正确,在选中时存量中心点将以小绿圆圈指示。

3)添加广告效应和总人数:创建 AdEffectiveness(广告效应)和 TotalPopulation(总人数)参数,初始值分别为 0.015 和 10000,如图 3.10 所示。

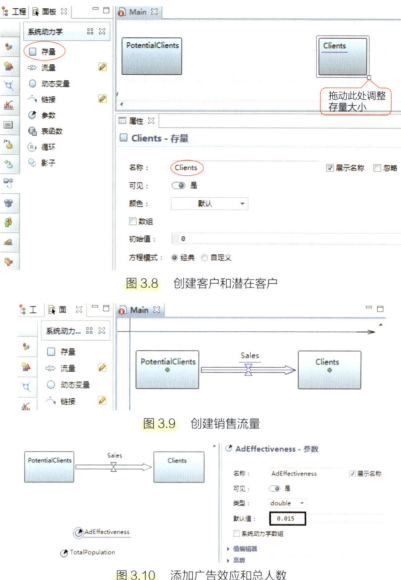

图 3.8　创建客户和潜在客户

图 3.9　创建销售流量

图 3.10　添加广告效应和总人数

4）设置潜在客户的初始值：单击 PotentialClients，将初始值设为总人数，即 TotalPopulation，如图 3.11 所示。此处因未定义变量而出现错误，该变量会在后续流程中定义。

图 3.11　设置 PotentialClients 的初始值

5）定义因果关系：双击链接插件，在总人数和潜在客户间建立链接，具体操作参照流量插件的建立操作，如图 3.12 所示。

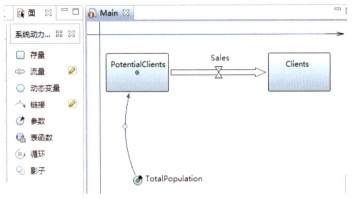

图 3.12　定义因果关系

6）添加广告销售收入（图 3.13）：创建动态变量 SalesFromAd，并赋值为 PotentialClients*AdEffectiveness。

图 3.13　添加广告销售收入

发现出现与 4）中相同的问题，此时可单击错误指示器，通过相应的菜单项来创建缺失的链接，如图 3.14 所示。

图 3.14　通过菜单项创建缺失的链接

此时发现链接被自动创建，定义链接的极性为 +，如图 3.15 所示。

图 3.15　自动创建链接

同理，绘制从 SalesFromAd 到 Sales 的链接，如图 3.16 所示。
为 Sales 赋值为

```
SalesFromAd
```

设置流量 Sales 的值如图 3.17 所示。

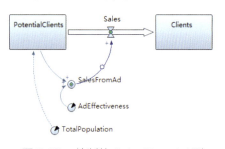

图 3.16　绘制从 SalesFromAd 到 Sales 的链接

图 3.17　设置流量 Sales 的值

7）添加市场饱和度循环：添加循环表示由市场饱和造成的平衡因果循环，设置循环方向为逆时针，类型为 B，文本为 Market Saturation，如图 3.18 所示。

图 3.18　添加市场饱和度循环

8）模型效果展示：运行模型，使用检查窗口观察动态，如图 3.19 所示。

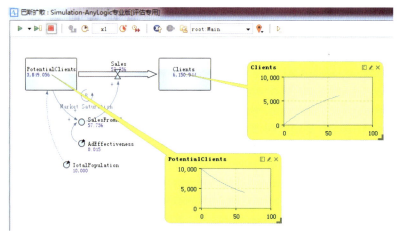

图 3.19　模型效果展示 1

⚠️注意：此处通过单击变量打开检查窗口，并切换窗口为绘图模式。

3.2.2 添加产品扩散的口碑效果

1）添加接触率和销售转化率参数：添加 ContactRate 和 SalesFraction 参数，默认值分别为 100 和 0.011；添加动态变量 SalesFromWOM，赋值为

```
Clients* ContactRate* SalesFraction* PotentialClients/TotalPopulation
```

设置动态变量 SalesFromWOM 的值如图 3.20 所示。

图 3.20　设置动态变量 SalesFromWOM 的值

依次绘制依赖项链接，如图 3.21 所示。

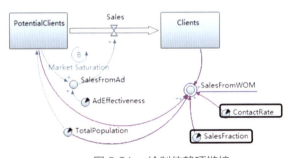

图 3.21　绘制依赖项链接

2）修改销售额的公式：修改 Sales 的值为

```
SalesFromAd+SalesFromWOM
```

修改 Sales 的值如图 3.22 所示。

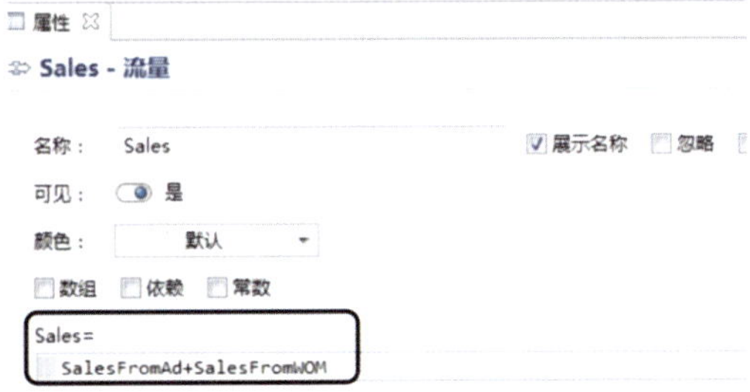

图 3.22　修改 Sales 的值

绘制从 SalesFromWOM 到 Sales 的链接，并添加一个循环 Word of Mouth，设置循环为顺时针、R 类型，如图 3.23 所示。

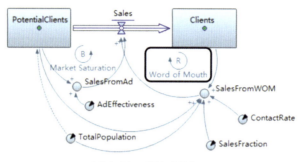

图 3.23　添加新循环

运行模型，使用检查窗口观察动态，如图 3.24 所示。

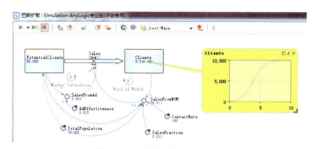

图 3.24　模型效果展示 2

3）添加时间折线图：打开分析面板，单击时间折线图并拖入画布中，并且设置 PotentialClients 和 Clients 变量通过折线图显示，如图 3.25 所示。

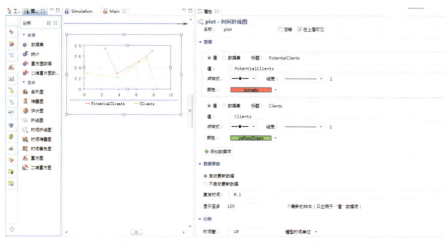

图 3.25　添加显示客户数量的时间折线图

同理，再添加另一个时间折线图，显示总销售人数流量、广告效应和口碑影响人数随时间的变化规律，如图 3.26 所示。

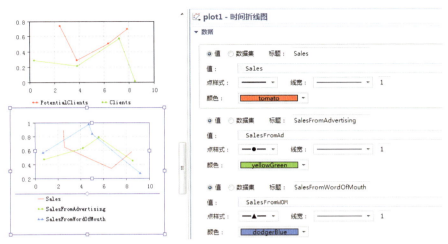

图 3.26　添加显示总销售人数的时间折线图

4）添加关闭广告影响的按钮（图 3.27）：打开控件面板，添加按钮，将标签修改为 Turn Advertising Off，并在行动处输入代码：

```
AdEffectiveness=0;
```

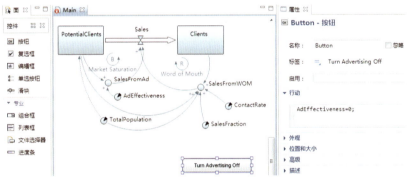

图 3.27　添加关闭广告影响的按钮

5）设置模型运行时间：打开工程面板，单击仿真实验，将模型停止时间设置为 10 个时间单位，如图 3.28 所示。

图 3.28　设置模型运行时间

6）模型运行结果：运行模型，并使用折线图观察动态，发现潜在消费者和消费者人数随时间变化曲线呈 S 形变化，如图 3.29a 所示；总销售人数流量、广告效应和口碑效应影响人数随时间的变化呈钟形变化，如图 3.29b 所示。

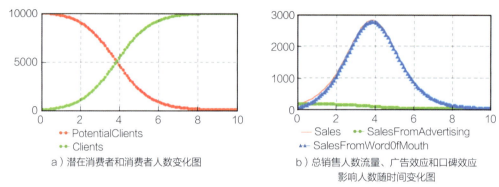

a）潜在消费者和消费者人数变化图

b）总销售人数流量、广告效应和口碑效应影响人数随时间变化图

图 3.29　模型运行结果

停止广告效应，观察发现广告效应被成功停止，单过程动力学没有改变，如图 3.30 所示。

图 3.30　停止广告效应后的模型运行结果

3.3　存量管理模型

存量管理模型作为应用系统动力学建立的基本模型之一，可以解释为：首先建立供应链模型，该模型可以让用户通过控制订单量来管理库存，销售率则由外界因素决定，在系统中是随机改变的；在简单的供应链模型的基础上，建立一个和用户互动的模型，在模型运行过程中，用户可以及时看到输出数据，做出改变参数的决定。

3.3.1　建立简单供应链模型

1）创建供应链和库存：创建新模型，命名为"存量管理"。打开系统动力学面板，拖入两个存量，分别命名为 Supplyline 和 Stock，如图 3.31 所示。

图 3.31　创建供应链和库存

2）创建流量：拖入第一个流量 OrderRate，后续连接存量 Supplyline，并设置流量 OrderRate 为常数 10，如图 3.32 所示。

拖入第二个流量 AcquisitionRate，连接 Supplyline 和 Stock，并定义流量 Acquisition-Rate（回购比率），赋值为

```
Supplyline/AcquisitionLag
```

设置回购比率如图 3.33 所示。

图 3.32　创建流量 　　图 3.33　设置回购比率

拖入第三个流量销售比率，即 SalesRate，前续连接 Stock，并定义流量 SalesRate，赋值为

```
Stock>0?Demand:0
```

设置销售比率如图 3.34 所示。

图 3.34　设置销售比率

简单的供应链如图 3.35 所示。

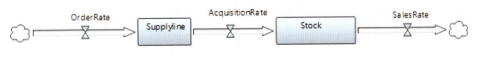

图 3.35　简单的供应链

3）添加参数和变量：创建回购数量参数，即 AcquisitionLag，默认值为 7，设置后如图 3.36 所示。

创建一个动态变量需求，即 Demand，类型设为常数 10，设置后如图 3.37 所示。

图 3.36 设置回购数量　　图 3.37 设置需求（Demand）数量

4）添加事件：打开智能体面板，拖入一个事件，命名为 ExogenousDemandChange，修改"触发类型：到时"和"模式：循环"，并在"行动"处输入：

```
Demand=max(0,Demand+uniform(-1,1));
```

设置外生需求变化事件如图 3.38 所示。

图 3.38　设置外生需求变化事件

至此，没有和用户互动功能的基本供应链模型建立完毕，如图 3.39 所示。

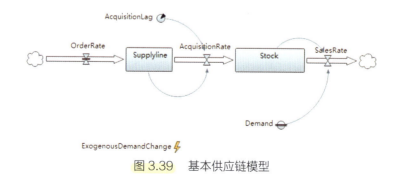

图 3.39　基本供应链模型

3.3.2　加入用户交互功能

1）添加时间堆叠图：打开分析面板，拖动时间堆叠图到 Main 智能体中。将图标题修改为Stock，并赋值：max（0,Stock）；"数据更新"一栏中修改"显示至多1000个最新的样本"；"比例"一栏中修改"时间窗：1000"。添加时间堆叠图如图3.40所示。

2）修改模型时间（图3.41）：回到工程界面，选择 Simulation 属性，修改"模型时间–执行模式：真实时间，比例为50"。

3）添加控制订单率的滑块（图3.42）：打开控件面板，拖拽滑块至画布中。修改滑块属性，勾选"链接到：OrderRate"，设置最小值为0，最大值为50。

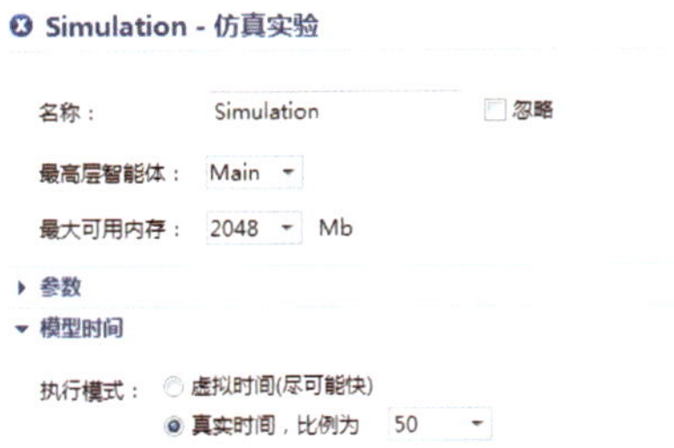

图 3.40 添加时间堆叠图

图 3.41 修改模型时间 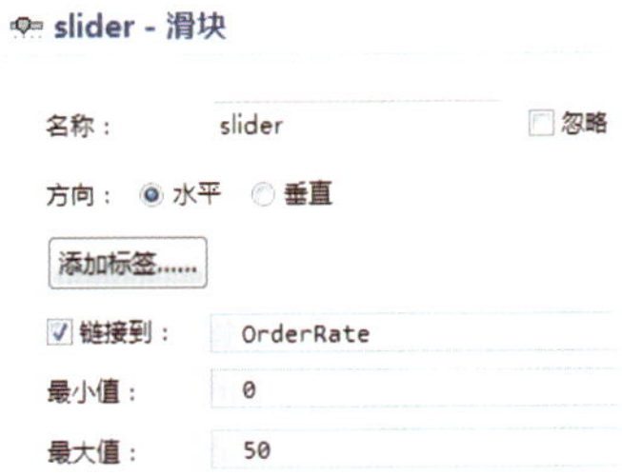   图 3.42 添加控制订单率的滑块

运行模型，通过滑动滑块控制 Stock 在100~500。模型运行结果如图 3.43 所示。

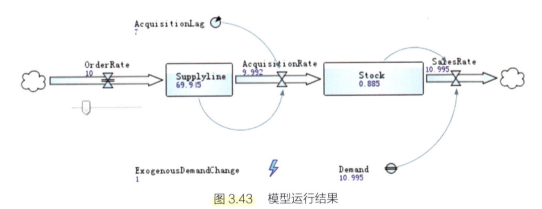

图 3.43 模型运行结果

3.3.3 用视图区域创建独立的交互界面

1）添加视图区域：打开演示面板，从演示面板拖动一个视图区域，命名为 viewUserScreen，标题为 UserScreen，设置位置为（0，600），如图 3.44 所示。

2）将图表和滑块放入视图区域：把显示 Stock 的时间堆积图和滑块移动到用户视图中。

打开滑块的属性,单击"添加标签",完成后如图 3.45 所示。

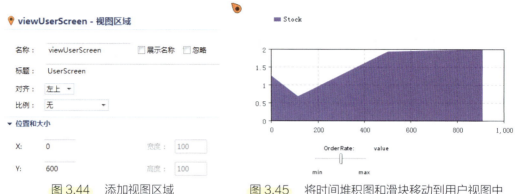

图 3.44　添加视图区域　　　图 3.45　将时间堆积图和滑块移动到用户视图中

3)设置视图区域为主运行窗口(图 3.46):回到 Main 属性界面,在"智能体行动-启动时"一栏处中输入代码:

```
viewUserScreen.navigateTo();
```

4)修改窗口设定:打开 Simulation 的窗口,取消"启用平移""启用缩放"的勾选,如图 3.47 所示。

图 3.46　设置视图区域为主运行窗口　　　图 3.47　修改窗口设定

⚠ 注意:此处取消勾选,是为了确保模型运行时用户无法随意移动和缩放窗口,即此时运行模型时,用户只能看到图表和滑块。

3.3.4　加入阶段性暂停功能

1)添加恢复模型运行的按钮(图 3.48):打开控件面板,拖动一个按钮到用户视图中。修改按钮的"标签"为"Done",并在"启用"中输入:

```
getEngine().getState()==Engine.PAUSED
```

在"行动"中输入:

```
runSimulation();
```

⚠️注意：此处设置的按钮是用来控制模型暂停后的重新运行。

2）设置滑块启用时机：复制按钮的"启用"中的代码到滑块的"启动"中，如图 3.49 所示。

图 3.48　添加恢复模型运行的按钮　　图 3.49　设置滑块启用时机

⚠️注意：此处调整滑块在模型运行时无法使用，在模型暂停时恢复使用。

3）添加模型暂停事件：从常规面板中拖动一个事件到画布中，设置事件的名称为 pauseEvent，设置"触发类型：到时"和"模式：循环"，首次发生时间为 50，复发时间为 50，并在行动框中输入代码：

```
pauseSimulation();
```

完成后如图 3.50 所示。

⚠️注意：此处加入循环事件，控制模型每隔 50 个时间单位暂停。

4）修改模型运行时间：打开 Simulation 属性，编辑"模型时间 – 执行模式：虚拟时间（尽可能快）"，如图 3.51 所示。

图 3.50　添加模型暂停事件　　图 3.51　修改模型运行时间

5）模型运行结果：运行模型，试验新的用户界面。每隔 50 个模型单位时，模型将暂停运行,此时根据 Stock 滑动滑块改变 OrderRate 的值,单击"Done"按钮,模型将恢复运行,如图 3.52 所示。

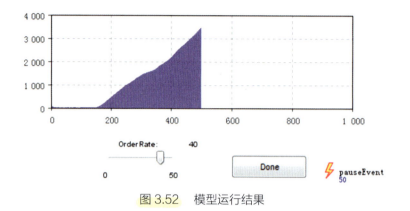

图 3.52　模型运行结果

课后习题

1)在巴斯扩散模型中改变广告效果比率和口碑效应比率,观察模型变化。

2)在存量管理模型中,由按钮控制模型运行改为由复选框控制模型运行。

第 4 章 离散事件建模

本章重点介绍 AnyLogic 中流程建模库的基本模块，以及银行排队模型的构建方法。其中，流程建模库的基本模块主要包括空间标记网络基本模块、流程建模基本模块；银行排队模型的构建包括创建简单的排队模型、定义模型动画、添加柜台员工资源、修改从 ATM 出来的顾客流程、增加数据统计等内容。

4.1 流程建模库的基本模块

离散事件建模根据建模类型的不同，涉及的库也不尽相同，主要包括但不限于流程建模库、行人库、轨道库、道路交通库等。流程建模库主要包括：

（1）空间标记网络基本模块

空间标记包括网络、GIS、行人库、轨道库、流体库和道路，用户可直接使用。其面板如图 4.1 所示。

图 4.1 空间标记面板

路径：路径定义了智能体移动的路径。而节点（矩形节点、多边形节点和点节点）定义了智能体可以停留的位置。绘制路径如图 4.2 所示。

图 4.2 绘制路径

矩形节点：形状为矩形的节点。绘制矩形节点如图 4.3 所示。

多边形节点：形状为多边形的节点。绘制多边形节点如图 4.4 所示。

图 4.3　绘制矩形节点　　　图 4.4　绘制多边形节点

🔹 点节点：常作为一个网络中的传输节点，能够被用来连接路径，代表空间网络中的某一点。

🔹 吸引子：定义为矩形节点或多边形节点内的具体位置。

应用以上基本插件可绘制出基本的空间标记网络，如图 4.5 所示。在网络中，节点定义了智能体可能停留的位置，而连接节点的路径定义了从一个节点移动到另一个节点时智能体可能采取的路径。运动总是沿着原点和目标节点之间的路径进行。

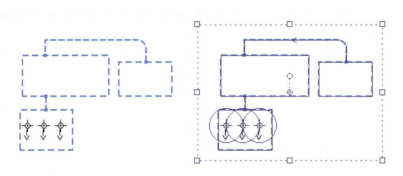

图 4.5　绘制空间标记网络

（2）流程建模基本模块

🔹 流程建模库包括智能体、资源、空间标记、模块以及辅助模块。流程建模库支持以过程为中心（离散事件）建模。通过流程建模库中的模块用户可以建立基于智能体的真实世界模型。AnyLogic 中流程图是分层的、可伸缩的、可扩展的、面向对象的。用户能够通过流程建模库生成复杂的流程建模动画。主要模块如下：

🔹 Source：产生智能体。智能体到达方式包括速率、间隔时间、数据库中的到达表、速率时间表、到达时间表和 inject() 函数调用。其中，速率定义每个时间单位到达的智能体数量；间隔时间中的 exponential(n) 函数的时间单位等同于速率中的时间单位；数据库中的到达表通过数据库导入；速率时间表和到达时间表可通过智能体面板中的 📋 时间表设定；inject() 函数调用的作用是在模型中编写代码调用 inject() 函数产生智能体，例如：source.inject(16)。

🔹 Sink：作为流程终点处理到来的智能体。能够从模型中彻底移除智能体，若要保留智能体，可使用 ⇨ Exit 模块替代 Sink 模块。

相关函数：long count()- 返回通过该接收器对象退出的智能体数量。

⊙ Delay：使流程延迟某段时间，需设置容量。一般可选择"指定的时间"或"直至调用 stopDelay()"使其停止。Delay 模块设置如图 4.6 所示。

▥ Queue：以特定顺序存储智能体，需设置容量。排队方式包括先进先出、基于优先级、智能体比较和后进先出。Queue 模块设置如图 4.7 所示。其中，若勾选"启用到时时离开"，则可以设置停留时间。

图 4.6　Delay 模块设置　　　　图 4.7　Queue 模块设置

Queue 模块出入口设置如图 4.8 所示。其中，"outTimeout"表示由于超时而离开对象的输出端口；"outPreempted"表示智能体由于抢占而离开对象的输出端口。

◇ Select Output：根据条件将智能体传送到两个端口中的一个，可指定概率或设置条件输出。

◈ Select Output5：根据条件将智能体传送到两个端口中的一个，可指定概率或设置条件输出。

● Hold：使智能体在该模块暂时停留。该模块有三种模式：手动（使用 block()、unblock()）、N 智能体后自动阻止（使用 unblock()）和条件（每个智能体自决定）。Hold 模块设置如图 4.9 所示。

图 4.8　Queue 模块出入口设置　　　　图 4.9　Hold 模块设置

⇌ Match：可通过匹配条件（例如根据人的偏好将人与不同颜色的包匹配）同步两个智能体流。尚未匹配的智能体存储在队列中，一旦新智能体到达入口之一，检查该智能体与另一个流的队列中的所有智能体是否匹配，如果找到匹配的智能体，则两个智能体同时从队列中移除并离开该模块。Match 模块设置如图 4.10 所示。

Split：复制进入的智能体并输出，可自定义副本的属性。其中，原件类型与副本类型可以不同，该过程不花费时间。Split 模块设置如图 4.11 所示。

图 4.10　Match 模块设置　　　　图 4.11　Split 模块设置

Combine：等待两个智能体到达两个端口，结合产生新智能体并从一个端口输出，该过程不花费时间。Combine 模块可以将两个不同的智能体组合为一个新智能体，也可以作为同步点让某个智能体在其他智能体到达之后前进，还可以使 Spilt 模块创建的副本重新合并为同一智能体。Combine 模块设置如图 4.12 所示。

Assembler：该模块可将至多 5 个智能体组合为一个新的智能体，新智能体属性可由用户定义，已到达的智能体要在模块中等待其他智能体到达，智能体组合的过程需花费时间。其中，可在"资源集"一栏添加资源池获取资源。Assembler 模块设置如图 4.13 所示。

图 4.12　Combine 模块设置　　　　图 4.13　Assembler 模块设置

MoveTo：移动智能体到目的地。附加到该智能体的资源也会随之移动，速度等属性以该智能体为准，与资源无关。目的地可以是节点、网络 /GIS 节点、吸引子、获取的资源、指定的智能体和坐标等。其中，如果不希望智能体在网络中移动，选择"直线移动"（位置之间的最短路径）即可。MoveTo 模块设置如图 4.14 所示。

Conveyor：模拟输送带。以给定速度沿路径移动智能体。当智能体在出口不离开时，输送带不会停止，会继续移动直至输送带中填充满智能体。Conveyor 模块设置如图 4.15 所示。

图 4.14　MoveTo 模块设置　　　图 4.15　Conveyor 模块设置

ResourcePool：定义资源单元组。可通过 Seize、Release、Assembler 和 Service 模块获取和释放资源。资源可以是三种类型：静态、移动和可携带。ResourcePool 模块设置如图 4.16 所示。

Seize：从 ResourcePool 中捕获一定数量的资源并放置在特定位置上。其中，如果发送获取的资源和附加获取的资源都勾选，则动画效果会显示为智能体跟随资源移动，如果不勾选，则会呈现突然位移过去的效果；获取选项中，（替代）资源集与同一池的单元的区别在于:（替代）资源集可以添加多个不同的资源池，从多个资源池中获取资源，而同一池的单元是指从某一个资源池中获取资源。Seize 模块设置如图 4.17 所示。

图 4.16　Resource Pool 模块设置　　　图 4.17　Seize 模块设置

Service：获取给定数量的资源单元，使智能体在此延迟一段时间，并释放获取的单元。相当于 Seize、Delay 和 Release 结合使用。Service 模块设置如图 4.18 所示。

Release：释放通过 Seize 获取的资源单元，释放过程不花费时间，所有获取的资源必须在智能体被处理（例如到达 Sink）之前释放。Release 模块设置如图 4.19 所示。

ResourceSendTo：将资源从当前位置发送或移动到目标位置。ResourceSendTo 模块设置如图 4.20 所示。

图 4.18　Service 模块设置

图 4.19　Release 模块设置

图 4.20　ResourceSendTo 模块设置

ResourceTaskStart：作为流程中准备任务的开始。ResourceTaskStart 模块设置如图 4.21 所示。

ResourceTaskStart 模块使用方法如图 4.22 所示。其中，startNurse 为本模块，用户使用时该区域的最后模块应该连接到初始化此任务的 Seize 模块的下方端口。图 4.22 中，Main patientflow 表示主流程；Nurse prepares portable ultra sound 表示开始前准备仪器设备；Preparation flowchart branch for a resource 表示某个资源的准备流程图分支。

图 4.21　ResourceTaskStart 模块设置

ResourceTaskEnd：作为流程中准备任务的结束。该模块使用方法如图 4.23 所示。

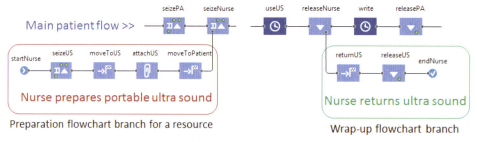

图 4.22　ResourceTaskStart 模块使用方法　　图 4.23　ResourceTaskEnd 模块使用方法

其中，endNurse 为本模块，用户使用时该区域的最后模块应该连接到初始化此任务的 Release 模块的下方端口。图 4.23 中，Nurse returns ultra sound 表示结束后归还仪器设备；Wrap-up flowchart branch 表示某个资源的释放流程图分支。

ResourceTask：提供资源在 ResourcePool 模块中不能实现的自定义任务，比如故障、维护和中断等。其中，如需设置间隔时间，可以通过时间表直接设置。ResourceTask 模块设置如图 4.24 所示。

Enter：将已经建立的智能体插入到流程中的指定位置。该模块通常用于将状态表、事件等插件产生的智能体插入到流程中，或者与 Exit 模块一起，将智能体放入到流程中。Enter 模块使用方法如图 4.25 所示。

图 4.24　ResourceTask 模块设置

Exit：将智能体从流程中取出，并指定如何处理智能体。若不再使用智能体，可以使用 Sink 模块；若还要在其他流程中使用智能体，则使用 Exit 模块取出，再通过 Enter 模块进入。Exit 模块使用方法如图 4.26 所示。

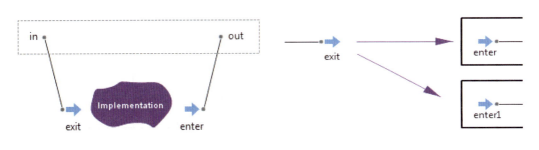

图 4.25　Enter 模块使用方法　　　　图 4.26　Exit 模块使用方法

Batch：封装多个智能体为一批，并可自定义一批中智能体的个数。当智能体数量累积到定义的容量时，这批智能体才离开该模块。其中，如果"永久批"选项被选中（True），则在创建新智能体（永久批处理）后丢弃原始智能体；如果"永久批"选项取消勾选（False），则原始智能体将添加到新智能体的内容中，之后由"取消批处理"取消对象。Batch 模块设置如图 4.27 所示。

Unbatch：与 Batch 模块相对应，将一批智能体分解为多个智能体。Unbatch 模块设置如图 4.28 所示。

Dropoff：删除容器智能体中包含的元素智能体，并通过端口输出。例如乘客从公交车下车，公交车是容器智能体，乘客是元素智能体。Dropoff 模块设置如图 4.29 所示。

图 4.27　Batch 模块设置　　　　图 4.28　Unbatch 模块设置

↪ Pickup：与 Dropoff 模块相对应，向容器智能体中添加元素智能体。添加方式有两种：队列连接到端口和指定的 Queue 对象。其中，队列连接到端口是指与该模块通过连线相连接的队列；指定的 Queue 对象是指自行选择的队列（队列与该模块可以相连，也可以不连）。Pickup 模块设置如图 4.30 所示。

图 4.29　Dropoff 模块设置　　　　图 4.30　Pickup 模块设置

Pickup 模块使用方法如图 4.31 所示。该模块拾起智能体可通过三种拾起条件来设定拾起的数量。其中，Pickup 模块前应连接 Queue 模块，将 Queue 里面的智能体，加入从左侧"in 点"进入的智能体里。然后一直到遇到 Dropoff，放下智能体。

↪ RestrictedAreaStart：标记到进程中要限制智能体最大数量的部分（区域）的入口。该区域只能有一个入口，可以有任意数量的出口，必须用引用此限制区域（Restricted Area）的对象标记每个出口，该模块使用方法如图 4.32 所示。一旦输入限制区域的智能体数量达到限制，则限制对象阻止入口，在其中一个智能体退出该区域之前，不允许一个新智能体进入。

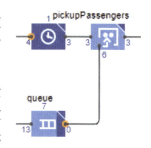

图 4.31　Pickup 模块使用方法

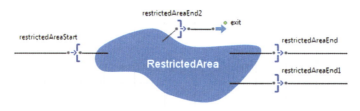

图 4.32　RestrictedAreaStart 模块使用方法

▸ RestrictedAreaEnd：标记进程中希望限制智能体最大数量的部分（区域）的出口。RestrictedAreaEnd 模块设置如图 4.33 所示。

图 4.33　RestrictedAreaEnd 模块设置

▸ TimeMeasureStart：与 TimeMeasureEnd 模块相对应，可用来测量两个模块之间的时间，如"系统时间""停留时间"等。两个模块的使用方法如图 4.34 所示。

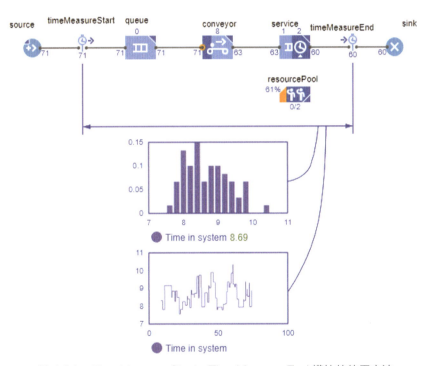

图 4.34　TimeMeasureStart、TimeMeasureEnd 模块的使用方法

▸ TimeMeasureEnd：与 TimeMeasureStart 模块相对应，可用来测量两个模块之间的时间，如"系统时间""停留时间"等。使用该模块时，可选择与之对应的 TimeMeasureStart 模块，AnyLogic 自动将数据存储在 TimeMeasureEnd 模块中，无须添加数据集。绘图时可通过直方图调用 TimeMeasureEnd 模块，如图 4.35 所示。

通过时间折线图调用 TimeMeasureEnd 模块，如图 4.36 所示。

▸ ResourceAttach：将指定的被扣押资源附加到智能体上。其结果是它们将与智能体一起移动（即护送智能体），直到它们被分离或释放。其中，所附加的资源必须已经被捕获，并且与智能体位于同一节点上，此处不能附加静态资源。ResourceAttach 模块设置如图 4.37 所示。

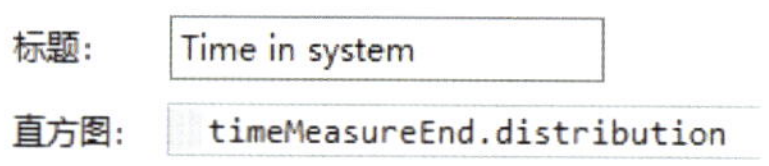

图 4.35　通过直方图调用 TimeMeasureEnd 模块

图 4.36　通过时间折线图调用 TimeMeasureEnd 模块

◈ ResourceDetach：从智能体中分离先前缴获和附加的资源。分离的资源单位仍将被智能体拥有，但智能体移动时不会伴随它。ResourceDetach 模块设置如图 4.38 所示。

图 4.37　ResourceAttach 模块设置

图 4.38　ResourceDectch 模块设置

◈ RackSystem：RackSystem 用于表示一些具有多行和通道的单个模块且作为它们的集中访问和管理点。要创建一个货架系统（RackSystem），首先需要用一个托盘货架以图形方式定义每个单独的存储区，并指定货架的位置和数量（不需要完全相同：它们可以有不同的容量和单元大小，也不需要以图形的方式命名）。然后向 Racksystem 的存储参数提供存储列表。RackSystem 模块设置如图 4.39 所示。

图 4.39　RackSystem 模块设置

◈ RackPick：从指定的托盘货架或 RackSystem 中的单元格中移除智能体并将其移动到指定的目标位置。这是在移动资源的帮助下可选择性地完成的，而且还可以选择是否与智能体相关。其中，如果在"使用延迟"一栏处选中复选框（True），则在实际从单元格中删除延迟之前执行延迟（如果使用了资源，则延迟在资源到达时开始）。RackPick 模块设置如图 4.40 所示。

◈ RackStore：该模块将智能体放入给定的托盘货架或 RackSystem 的单元中。智能体可以从其在网络中的当前位置移动到单元格位置，并可选择地借助移动资源。其中，设置该延迟关联单元坐标。RackStore 模块设置如图 4.41 所示。

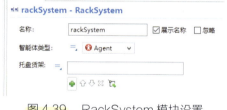

图 4.40　RackPick 模块设置

◆ PMLSettings：该模块为定义有关所有流程建模库的辅助设置。仅当创建了非常大的模型且需要优化内存或想要调整在节点中的智能体动画间的偏移时，才使用这个模块。PMLSettings 模块设置如图 4.42 所示。

图 4.41　RackStore 模块设置　　图 4.42　PMLSettings 模块设置

（3）辅助模块

◆ Wait：该模块与 Queue 模块类似，不同之处在于：Wait 模块支持手动取回，即调用 free() 函数或 freall() 函数，且不需要排序。Wait 模块设置如图 4.43 所示。

◆ SelectOutputIn：使用 SelectOutputIn 和 SelectOutputOut 模块时，可以创建一个具有所需退出数的模块进行选择输出。一般通过添加一个 SelectOutputIn 模块和所需数量的选择输出模块来创建。SelectOutputIn 模块设置如图 4.44 所示。

◆ SelectOutputOut：SelectOutputOut 模块应该在参数中引用 SelectOutputIn。SelectOutputIn 应该根据概率配置连接至后续模块的选择输出。SelectOutputOut 模块设置如图 4.45 所示。

图 4.43　Wait 模块设置

图 4.44　SelectOutputIn 模块设置　　图 4.45　SelectOutputOut 模块设置

— PlainTransfer：定义为当智能体经过流程图特定的点时执行行动的场所。PlainTransfer 模块设置如图 4.46 所示。

图 4.46　PlainTransfer 模块设置

4.2　银行排队模型

银行排队模型作为应用离散事件建立的基本模型之一，可以解释为：当顾客进入银行后，一部分顾客前往自动柜员机（ATM），另一部分顾客前往柜台；顾客优先选择排队人数最少的队列排队且每名顾客办理业务的时长和流程均随机分布，办理业务完成后离开银行。在本模型中可以得到的数据包括：员工的利用率、ATM 前面的平均排队长度、顾客在银行里花费的时间分布等。

4.2.1　创建简单的排队模型

1）基本模块连接：创建新模型，命名为 Bank，将模型时间单位修改为"分钟"。打开流程建模库，按照顺序连接 source、queue、delay、sink。基本模块连接如图 4.47 所示。

图 4.47　基本模块连接

2）设置到达速率：单击打开 source 属性，设置到达速率为 0.75 每分钟，如图 4.48 所示。

图 4.48　设置到达速率

3）设置队伍容量：单击打开 queue 属性，设置其容量为 15，如图 4.49 所示。

图 4.49　设置队伍容量

4）设置延迟时间：单击打开 delay 属性，修改其名称为 ATM，设置延迟时间为 triangular(1,2,4) 分钟，容量为 1，如图 4.50 所示。

图 4.50　设置延迟时间

⚠️ 注意：triangular(1,2,4) 代表 ATM 的业务办理时间最短为 1 分钟，最长为 4 分钟，最常见为 2 分钟；容量为 1 代表仅有 1 台 ATM。

5）观察模型运行状态：运行模型，使用检查窗口观察动态，如图 4.51 所示。

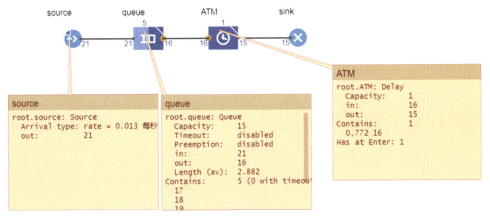

图 4.51　观察模型运行状态

4.2.2　定义模型动画

在上述流程图的基础上，若需要将银行里实际的业务流程清晰地展示，需要定义模型动画。

1）设置 ATM 颜色与位置：拖动点节点到画布空白位置，表示 ATM 的动画。设置 node 的颜色为 ATM.size()>0?red:green，如图 4.52 所示。

图 4.52　设置 ATM 颜色

⚠ **注意**：上述代码表示依据 ATM 是否正在服务中来设置颜色显示，当正在服务的人数大于 0 时显示红色，否则显示绿色。

单击打开 ATM 属性，设置智能体位置为 node，如图 4.53 所示。

图 4.53　设置 ATM 位置

2）绘制排队路径：双击路径进入绘图模式，在代表 ATM 的点节点前绘制一条路径，表示队列的动画，如图 4.54 所示。

图 4.54　绘制排队路径

单击打开 queue 属性，设置智能体位置为 path，如图 4.55 所示。

图 4.55　设置智能体位置

3）ATM 服务状态显示：再次运行模型，使用检查窗口观察模型运行状态，发现当 ATM 空闲时，显示绿色；当 ATM 有正在服务的顾客时，显示红色，如图 4.56 所示。

图 4.56　ATM 服务状态显示

4）创建顾客智能体：打开流程建模库，拖动智能体类型到画布中，将其命名为 Customer，三维形象选择"人"，单击完成。

单击查看 source 属性，将新智能体类型修改为 Customer，如图 4.57 所示。

5）顾客的三维形象显示：打开演示面板，拖动三维窗口到画布中，运行模型，可以看到顾客的三维形象出现在了运行画面中，如图 4.58 所示。

图 4.57 创建顾客智能体

图 4.58 顾客的三维形象显示

6）设置 ATM 的三维形象：打开三维物体面板，拖动超市中的自动柜员机到绘制好的点节点上。单击查看自动柜员机的属性，修改 Z 旋转为 0.0 度，如图 4.59 所示。

图 4.59 设置 ATM 的三维形象

运行模型，可以看到 ATM 的三维形象出现在运行画面中，如图 4.60 所示。

图 4.60 ATM 的三维形象

4.2.3 添加柜台员工资源

1）设置柜台服务属性：打开流程建模库，拖动 Service 插件到画布中。选择修改 service 设置，修改队列容量为 20，修改延迟时间为 triangular（3，5，20）分钟，如

图 4.61 所示。

图 4.61 设置柜台服务属性

2）定义柜台服务流程：流程图中，删除 source 和 queue 之间的连接线，拖动 selectOutput 插件到两者之间并依次连接。分别连接 selectOutput 下方出口与 service、service 出口与 sink，如图 4.62 所示。

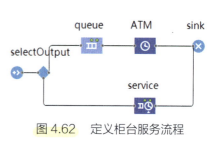

图 4.62 定义柜台服务流程

3）添加柜台人员：拖动 ResourcePool 插件到画布中，修改名称为 tellers，并设置容量为 4。添加柜台人员设置如图 4.63 所示。

图 4.63 添加柜台人员设置

4）修改柜台服务属性：单击查看 service 属性，选择"同一池的单元"获取，并将创建的 tellers 添加至资源池，修改柜台服务属性设置如图 4.64 所示。

图 4.64 修改柜台服务属性设置

5）绘制柜台区域：双击矩形节点进入绘图模式，在画布中绘制等待区域并命名为

waitingArea，绘制柜台服务区域并命名为 serviceArea。单击 serviceArea 查看属性，创建 4 个吸引子数，如图 4.65 所示。绘制柜台区域如图 4.66 所示。

图 4.65　创建吸引子　　　图 4.66　绘制柜台区域

单击 service 查看属性，将智能体位置（队列）设置为 waitingArea，智能体位置（延迟）设置为 serviceArea，如图 4.67 所示。

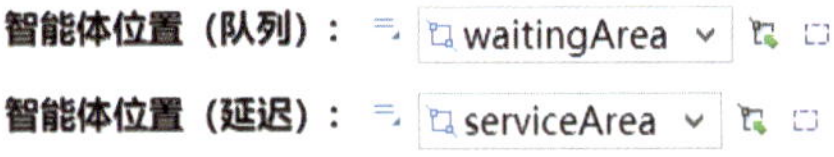

图 4.67　添加柜台区域

6）绘制工作区域：与建立服务区域的流程相似，绘制一个矩形区域和 4 个吸引子作为员工工作区域。选中工作区域的 4 个吸引子设置方向旋转 180 度（方向：+180.0），如图 4.68 所示。

绘制工作区域如图 4.69 所示。

图 4.68　旋转吸引子　　　图 4.69　绘制工作区域

单击 tellers 查看属性，将归属地位置（节点）设置为 tellersArea，如图 4.70 所示。

7）创建职员智能体：拖入资源类型，将其类型命名为 Teller，三维形象选择"职员"，单击完成。单击 tellers 查看属性，将新资源单元修改为 Teller，如图 4.71 所示。

图 4.70　添加工作区域　　　图 4.71　创建职员智能体

8）添加三维物体桌子：打开三维物体面板，拖动 4 个桌子至工作区域吸引子附近，全选 4 个桌子，旋转 –90 度，如图 4.72 所示。

⚠ 注意：桌子不能完全覆盖吸引子，否则会出现职员和桌子重合的情况。

进入运行界面，观察桌子的朝向是否正确，工作区域的三维形象如图 4.73 所示。

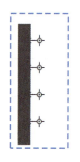 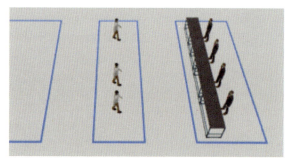

图 4.72　添加三维物体桌子　　　图 4.73　工作区域的三维形象

4.2.4　修改从 ATM 出来的顾客流程

1）修改服务流程：在流程图中删除 ATM 和 sink 之间的连接线，并拖入 selectOutput 插件连接到 ATM 后，系统会自动命名其为 selectOutput1。selectOutput1 下方出口连接 service，右侧出口连接 sink，修改后的流程图如图 4.74 所示。

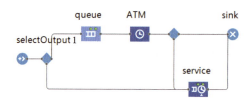

图 4.74　修改后的流程图

2）修改条件概率：双击 selectOutput1 进入其设置界面，修改其概率为 0.7，如图 4.75 所示。

图 4.75　修改条件概率

⚠注意：以上操作的意义在于：在 ATM 自助办理业务后的顾客，有 30% 的人前往柜台继续办理其他业务，70% 的人直接离开银行。

3）观察模型运行状态：进入运行界面，使用检查窗口观察调整后的人员流动。可以发现，从 ATM 出来的顾客有部分直接离开，还有部分顾客前往柜台。

4.2.5　增加数据统计

1）获取员工利用率：打开分析面板，拖动条形图到画布中。设置条形图标题为 tellersUtilization，在值处输入代码：

```
tellers.utilization()
```

并修改图例的位置和大小，令其在左侧完全显示。设置完成后如图 4.76 所示。

2）获取 ATM 前的队列平均长度：再次拖动条形图到画布中。设置条形图标题为 ATMqueue，设置其比例为固定，从 0 到 15，在值处输入代码：

```
queue.statsSize.mean()
```

并修改图表方向和图例位置，令柱条方向向右，图例在下方完全显示。设置完成后如图 4.77 所示。

图 4.76　获取员工利用率　　　图 4.77　获取 ATM 前的队列平均长度

3）观察模型运行状态：运行模型，观察图表变化。图 4.78a 所示为实时员工利用率，图 4.78b 所示为 ATM 平均排队长度。

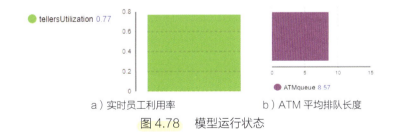

a）实时员工利用率　　　b）ATM 平均排队长度

图 4.78　模型运行状态

课后习题

1）简述流程建模库的三大模块以及每个模块的主要插件。

2）在银行排队模型中，获取顾客在银行消耗的平均时间。

AnyLogic
行人交通仿真实用教程

第 5 章 AnyLogic 行人仿真——机场登机仿真模型

本章重点介绍如何应用行人库和流程建模库建立一个机场登机仿真模型,重点介绍了行人库、绘制机场布局、模拟行人流、添加安检设施与值机设施、定义登机逻辑、应用 Ecxel 表设置航班等内容。

5.1 行人库

行人库中的对象使得用户可以用流程图的方式进行建模,而且行人库可以与其他库很好地融合。因此,可以使用更高层次的离散事件建模方法对建模过程中不太注重物理层交互的地方进行建模。除此之外,AnyLogic 专业版所提供的新的行人库可以使用户在建模过程中模拟行人与行人之间的互动,真实地反映周围的环境(例如墙、十字转门、电梯、椅子等)特点,再现行人的举动,并收集相关数据。

具体来说,AnyLogic 行人仿真具有以下特点:

1)行人按照社会力模型移动。通过分析当前环境选择最短的路径,避免与其他物体相撞,并决定进一步的运动。

2)行人的行为是由便于创建和理解的流程图来定义的。除了在物理环境中用于模拟运动的基本模块外,行人库还包含用于设置墙壁、服务、吸引子和自动扶梯等的空间标记元素。

3)行人可以被预先设计个人属性、偏好和状态,如是否保持社交距离、是否携带行李、是否拥有公民身份或是否准备购买。这些属性都可以在基于智能体建模的行人模型中实现。

4)输出统计数据允许用户对设施容量和吞吐量进行评估、在密度图上显示行人的流量密度、统计不同区域的行人以及测量等待和服务时间。

5)行人库可以与道路交通库和轨道库无缝集成,创建包括火车、停车场和道路基础设施在内的交通枢纽模型。

5.2 绘制机场布局

1）创建新模型：创建一个新模型，命名为 Airport 1，如图 5.1 所示。

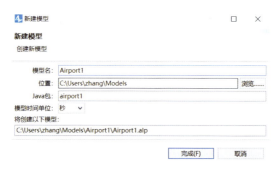

图 5.1　创建新模型

2）导入机场图形：打开演示面板，拖拽图像插件到画布中。选择要显示的图像文件，从 AnyLogic 8.8 Personal Learning Edition\resources\AnyLogic in 3 days\Airport 中选择 terminal.png 图像文件，如图 5.2 所示。

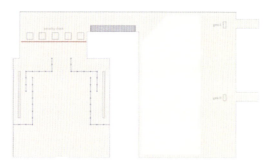

图 5.2　导入机场图形

3）绘制机场边界：打开行人库面板，双击"墙"进入绘制模式，沿图片边界绘制飞机场边界。单击查看设置，修改其颜色为 darkBlue，设置后如图 5.3 所示。

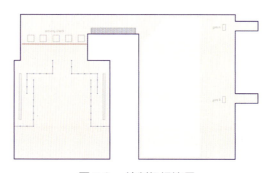

图 5.3　绘制机场边界

5.3 模拟行人流

1）绘制行人出入口目标线：双击目标线，在机场入口处绘制一条目标线作为入口，并命名为 arrivalLine；在登机处绘制一条目标线作为出口，并命名为 gateLine1，绘制完成后如图 5.4 所示。

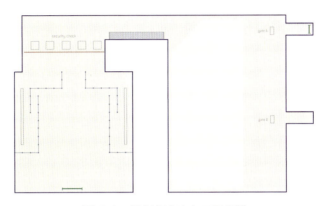

图 5.4　绘制行人出入口目标线

2）设置行人产生：拖动 PedSource 插件到画布中，设置其目标线为 arrivalLine，到达速率为 1000 每小时，如图 5.5 所示。

3）设置行人到达位置：拖动 PedGoTo 插件至画布中，将其连接至 pedSource 后，设置其目标线为 gateLine1，如图 5.6 所示。

图 5.5　设置行人产生　　　　图 5.6　设置行人到达位置

4）行人进入机场流程图：拖动 PedSink 插件至画布中，将其连接至 pedGoTo 后，流程图如图 5.7 所示。

图 5.7　行人进入机场流程图

5）模型运行：运行模型，可以看到在二维动画中行人从机场入口向登机口移动的过程，如图 5.8 所示。

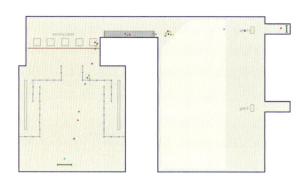

图 5.8　模型运行

5.4　添加安检设施

1）添加安检服务：拖动线服务插件到画布中，并命名为 securitycheck，修改其服务数和队列数为 5，并修改其服务类型为"线性"，如图 5.9 所示。

2）调整安检位置：移动安检线服务，使其与 securitycheck 处的矩形相匹配，如图 5.10 所示。

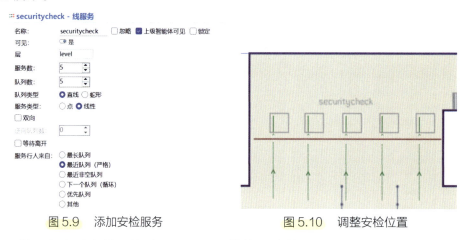

图 5.9　添加安检服务　　　　图 5.10　调整安检位置

3）设置行人过安检：拖动 PedService 模块，连接至 pedSource 和 pedGoTo 间并命名为 pedSecuritycheck，设置其服务为 securitycheck，延迟时间为 uniform(4, 5) 分钟，如图 5.11 所示。

图 5.11　设置行人过安检

4）添加安检站三维模型：打开三维物体面板，将机场面板中的金属探测器、X 射线扫描仪拖动至安检处与服务线相匹配，完成后如图 5.12 所示。

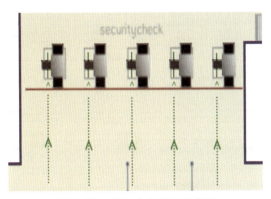

图 5.12　添加安检站三维模型

5.5　添加值机设施

1）添加值机服务：打开行人库面板，拖动线服务插件到画布中，并命名为 checkInServices，修改其服务数为 4，队列数为 1，如图 5.13 所示。

2）调整值机位置：右健单击队列线，在队列上添加多个点，并将服务点和队列线放置在如图 5.14 所示位置。

图 5.13　添加值机服务　　　图 5.14　调整值机位置

3）设置行人值机：拖动 PedService 插件至画布中并命名为 checkInAtCounter，设置其服务为 checkInServices，延迟时间为 uniform(2.0，4.0) 分钟，如图 5.15 所示。

4）设置值机概率：打开流程建模库，拖动 SelectOutput 插件至画布中并命名为 pedSelectOutput，设置其概率为 0.3，如图 5.16 所示。

将 pedSelectOutput 右侧出口连接至 pedSecuritycheck，下方出口连接至 checkInAtCounter，添加值机流程图如图 5.17 所示。

图 5.15 设置行人值机   图 5.16 设置值机概率

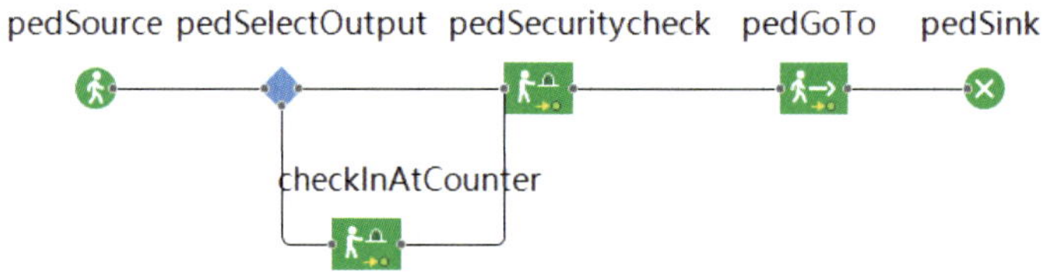

图 5.17 添加值机流程图

5)添加职员和桌子:打开三维物体库,将职员和桌子与绘制好的值机服务位置相匹配,如图 5.18 所示。

6)绘制障碍带:打开行人库,双击"墙"进入绘制模式,沿值机路线绘制两条障碍带,并设置其颜色为 mediumBlue,如图 5.19 所示。

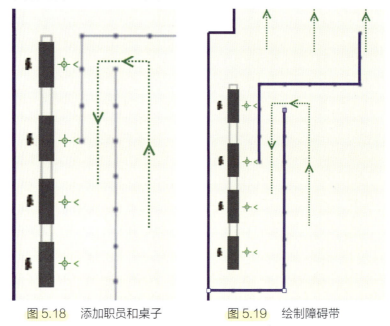

图 5.18 添加职员和桌子   图 5.19 绘制障碍带

7)绘制候机区域:双击矩形节点进入绘制模式,在登机口前绘制区域作为等待区域,如图 5.20 所示。

8)设置行人候机:拖动 PedWait 插件至 pedSecuritycheck 和 pedGoTo 之间,设置其区域为绘制好的 node 区域,延迟时间为 uniform(15,45) 分钟,如图 5.21 所示。

添加候机流程图如图 5.22 所示。

图 5.20　绘制候机区域　　图 5.21　设置行人候机

图 5.22　添加候机流程图

5.6　定义登机逻辑

1）创建行人智能体：拖动行人类型到画布中，命名为 Pedestrian，单击完成。

2）添加判定参数：双击 Pedestrian 进入智能体内部。打开智能体库，拖动参数插件到画布中并命名为 business，设置其类型为 boolean，如图 5.23 所示。

3）添加商务舱乘客形象：打开三维物体库，拖动职员至画布中（0，0）的位置，在其"可见"选项卡处输入：business，表示商务舱乘客，如图 5.24 所示。

4）添加经济舱乘客形象：单击 person 形象，在其"可见"选项卡处输入：!business，表示只在乘客是经济舱乘客时可见，如图 5.25 所示。

图 5.24　添加商务舱乘客形象　　图 5.25　添加经济舱乘客形象

5）添加随机产生乘客的函数（图 5.26）：返回 Main 智能体，打开智能体面板，拖动函数插件到画布中并命名为 setupPassenger，在参数中添加类型为 Pedestrian、名称为 ped 的参数，在函数体处输入代码：

```
ped.business=randomTrue(0.15);
```

代表行人中有 15% 为商务舱乘客。

图 5.26　添加随机产生乘客的函数

6）调用随机产生乘客的函数（图 5.27）：单击流程图中的 pedSource，在其行动离开时输入代码：

```
setupPassenger(ped);
```

代表调用函数 setupPassenger，通过行人参数传递给函数。

图 5.27　调用随机产生乘客的函数

7）绘制登机路线：打开行人库，在上侧登机处绘制一条线服务，命名为 business1，设置其服务数为 1，队列数为 1，如图 5.28 所示。

图 5.28　绘制商务舱乘客登机路线

在 business1 下方绘制一条线服务，命名为 economy1，设置其服务数为 1，队列数为 1，如图 5.29 所示。

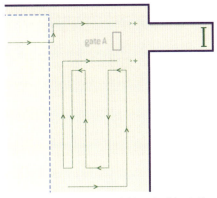

图 5.29 绘制经济舱乘客登机路线

8)添加柜台和空乘人员:打开三维物体面板,在登机门 gate A 处添加一个柜台和两个空乘人员的三维模型,如图 5.30 所示。

9)添加不同登机条件:打开智能体面板,拖动变量插件到画布中并命名为 ped,设置其变量类型为 Pedestrian;打开流程建模库,拖动 SelectOutput5 插件连接至 pedWait 右侧出口,并命名为 pedSelectOutput5,设置其输出为条件,在条件 1 处输入代码:ped.business,剩余端口设置为 true、false、false,如图 5.31 所示。

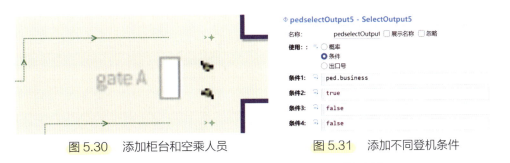

图 5.30 添加柜台和空乘人员　　　图 5.31 添加不同登机条件

10)添加登机服务:打开行人库,拖动 PedService 插件连接至 pedSelectOutput1 右侧出口并命名为 businessBoarding,设置其服务为 business1,延迟时间为 uniform(5.0,10.0)秒,设置商务舱登机服务如图 5.32 所示。

拖动 PedService 插件连接至 pedSelectOutput1 下方出口并命名为 economyBoarding,设置其服务为 economy1,延迟时间为 uniform(5.0,10.0)秒,设置经济舱登机服务如图 5.33 所示。

图 5.32 设置商务舱登机服务　　　图 5.33 设置经济舱登机服务

行人进站登机流程图如图 5.34 所示。

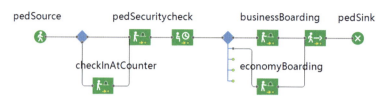

图 5.34　行人进站登机流程图

11）三维登机效果：单击 pedSource，设置其行人为建立的 Pedestrian 智能体。打开演示库，拖动三维窗口插件到画布中。

运行场景，三维视图中显示乘客通过安检站后，大多数乘客进入经济舱队列，如图 5.35 所示。

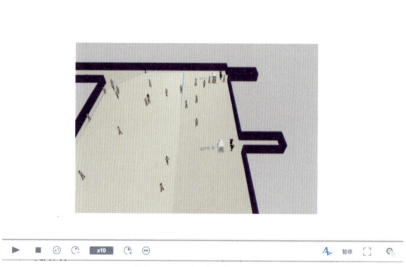

图 5.35　行人登机效果图

5.7　应用 Excel 表设置航班

1）创建航班智能体：打开智能体库，单击智能体并拖入画布中，出现选择创建智能体类型，按以下步骤依次选择：智能体群 – 创建新智能体 – 命名为 Flight– 选择动画"无" – 不添加参数 – 创建初始为空的群 – 完成。

2）添加参数：双击 Flight 进入智能体，拖动参数插件到画布中并命名为 departureTime，设置其类型为 Date，如图 5.36 所示。

拖动参数插件到画布中并命名为 destination，设置其类型为 String，如图 5.37 所示。

图 5.36 设置起飞时间参数   图 5.37 设置目的地参数

拖动参数插件到画布中并命名为 gate，设置其类型为 int，如图 5.38 所示。

3）建立存储乘客的集合：拖动集合插件到画布中，并命名为 passengers，集合类设为 LinkedList，元素类设置为 Pedestrian，如图 5.39 所示。

图 5.38 设置登机门号参数   图 5.39 建立存储乘客的集合

4）添加航班参数：打开工程界面，双击 Pedestrian 进入智能体，拖动参数插件到画布中并命名为 flight，设置其参数类型为 Flight，用于存储乘客的航班，如图 5.40 所示。

5）添加登机时间：回到 Main 智能体中。拖动参数插件到画布中并命名为 boardingTime，设置其类型为时间，单位为分钟，默认值为 40，如图 5.41 所示。

图 5.40 设置航班参数   图 5.41 设置登机时间

6）书写登机函数代码：选择已创建的函数 setupPassenger，在函数体选项卡处补充如下代码：

```
Flight f;

do
{ f=flights.random();}
while (dateToTime(f.departureTime)-boardingTime < time());

ped.flight=f;
f.passengers.add(ped);
```

表示将所给数据转化为模型时间，并按照时间登机和起飞。

登机函数书写如图 5.42 所示。

图 5.42　登机函数书写

7）导入 Excel 文件：打开连接面板，拖动 Excel 文件插件到画布中，选择要添加的 Excel 文件，从 AnyLogic 8.8 Personal Learning Edition\resources\AnyLogic in 3 days\Airport 中选择 Flights.xlsx 文件，如图 5.43 所示。

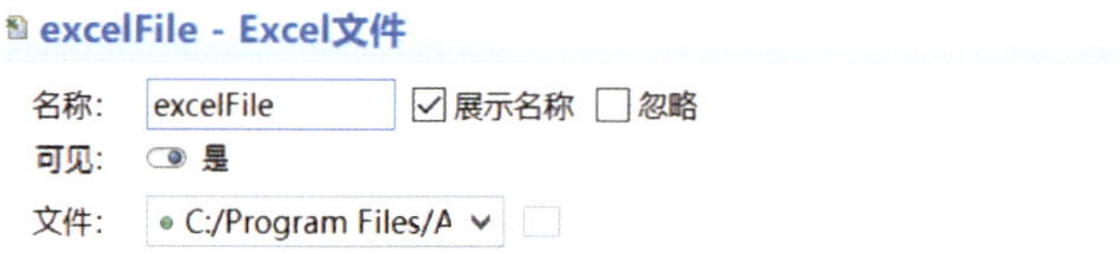

图 5.43　导入 Excel 文件

8）添加行动图：打开行动图面板，拖动行动图插件到画布中，命名为 setupFlights，如图 5.44 所示。由于行动图不能返回数据且没有参数，因此无须更改元素的默认设置。

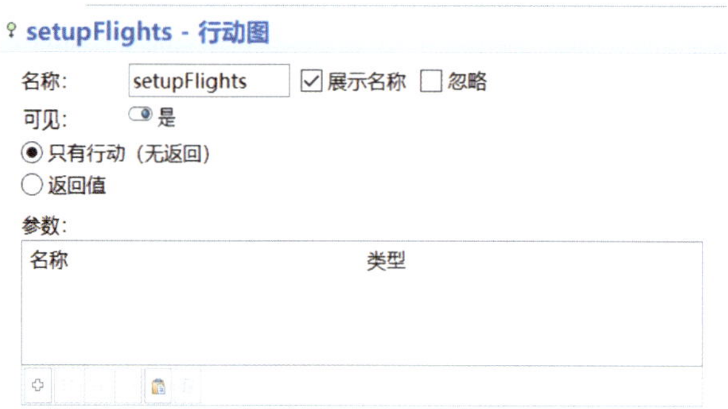

图 5.44　添加行动图

9）添加局部变量：拖动局部变量插件到行动图中，当出现蓝绿色高亮显示该插入的占位符时，释放鼠标按键，代表插件进入行动图，如图 5.45 所示。

设置该局部变量名称为 sheet，存储类型为 String，并设置初始值为 sheet1，如图 5.46 所示。

10）添加 for 循环：在行动图中插入 for 循环，设置循环数为 12，表示电子数据表中的 12 个数据实体，如图 5.47 所示。

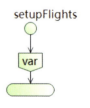

图 5.45　添加局部变量

图 5.46 设置局部变量属性

在 for 循环中添加一个局部变量，并命名为 f，设置其类型为 Flight。该局部变量的作用为通过 <populationName> 函数将其添加到 flights 智能体群中，并使用该局部变量存储对新创建的 Flight 智能体的引用。

添加局部变量流程图如图 5.48 所示。

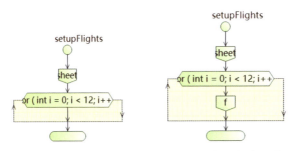

图 5.47　添加 for 循环　　图 5.48　添加局部变量流程图

在 for 循环中拖动代码插件，并输入如下代码：

```
f.destination=excelFile.getCellStringValue(sheet,i+2,1);
f.departureTime=excelFile.getCellDateValue(sheet,i+2,2);
f.gate=(int)excelFile.getCellNumericValue(sheet,i+2,3);
```

代表读取 Excel 文件中的数据，即使用 getCellStringValue() 函数读取电子表格的文本。从电子表格的第一列获取航班的目的地，然后将其分配到航班（Flight）智能体的 destination 参数，再移动到电子表格的下一列，获取航班的起飞时间和登机门号。

在 for 循环中插入代码流程图如图 5.49 所示。

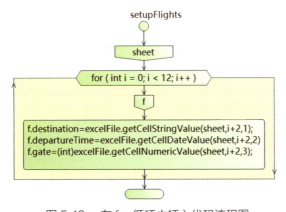

图 5.49　在 for 循环中插入代码流程图

11）绘制登机口：在 gate B 位置绘制第二个登机口，如图 5.50 所示。

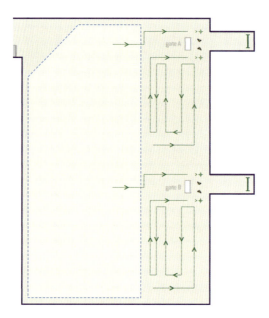

图 5.50　绘制登机口

12）添加 gate B 处的流程：打开行人库，模仿第一个登机口处经济舱和商务舱的登机流程，完善登机流程图，如图 5.51 所示。此处注意设置的线服务和目标线应为新绘制的 gate B 处。

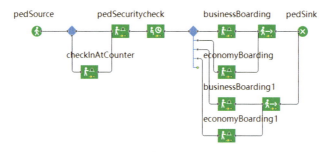

图 5.51　添加 gate B 处的流程

13）更改判定条件：更改 pedselectOutput5 属性中的条件，以定义乘客选择对应的登机门，如图 5.52 所示。

14）添加动态事件：打开智能体库，拖动两个动态事件插件到画布中并分别命名为 BoardingEvent 和 DepartureEvent。

应用 DepartureEvent 安排飞机的起飞时间，即在其行动选项卡处输入代码：

```
remove_flights(flight);
```

并设置参数类型为 Flight。

设置动态事件控制飞机起飞时间如图 5.53 所示。

图 5.52 更改 pedselectOutput5 的条件

图 5.53 设置动态事件控制飞机起飞时间

应用 DepartureEvent 安排飞机的登机活动，并创建对应实例安排飞机在 40 分钟内起飞，即在其行动选项卡处输入代码：

```
startBoarding(flight);
create_DepartureEvent(boardingTime,flight);
```

设置动态事件控制飞机登机活动如图 5.54 所示。

15）添加模拟登机函数：拖动函数插件到画布中并命名为 startBoarding，模拟登机流程。设置其参数类型为 Flight，并在函数体处输入代码：

```
for(Passenger p:flight.passengers)
{
pedWait.free(p);
}
```

代表对于给定的航班，在等待的乘客中迭代，并通过调用其中的 free() 函数，使乘客在 pedWait 中定义的延迟时间内完成登机。

添加模拟登机函数如图 5.55 所示。

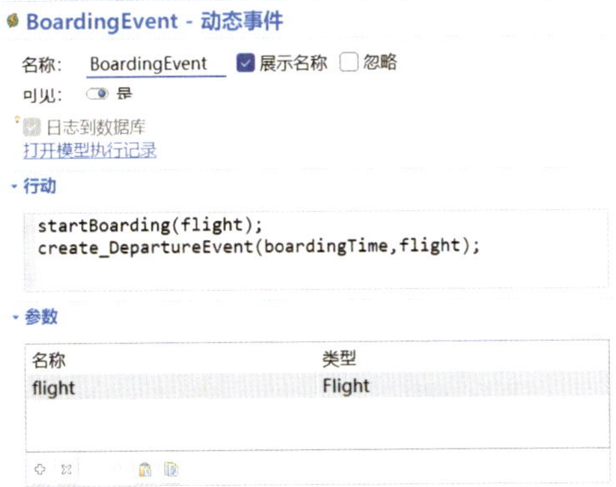

图 5.54 设置动态事件控制飞机登机活动 　　图 5.55 添加模拟登机函数

拖动函数插件到画布中并命名为 planBoardings，模拟安排所有办理值机的乘客登机。设置其参数为 Flight 类型，并在函数体处输入代码：

```
for(Flight f:flights)
{
double timeBeforeBoarding=
  dateToTime(f.departureTime)-boardingTime;
  if(timeBeforeBoarding>=0)
  create_BoardingEvent(timeBeforeBoarding,f);
    else{
    create_DepartureEvent(dateToTime(f.departureTime),f);
    startBoarding(f);
    }
}
```

代表在 for 循环中遍历 flights 智能体群，使准备起飞的航班在登机结束之前快速完成乘客登机。

模拟起飞前所有乘客登机如图 5.56 所示。

16）主智能体调用起飞函数：在 Main 智能体"行动"一栏处输入代码：

```
setupFlights();
planBoardings(flight);
```

表示在模型初始运行时调用函数。运行模型，视图中显示乘客按照时刻表于 gate A、gate B 分别登机。

图 5.56　模拟起飞前所有乘客登机

课后习题

1）在本模型中，添加第二个值机设施并完善相应流程图。

2）在本模型中，书写一个函数实现以下功能：行人过安检时优先寻找排队人数最少的队列。

第 6 章　AnyLogic 行人仿真——广场恐怖袭击疏散仿真模型

> 本章将主要应用智能体面板与行人库建立一个广场恐怖袭击疏散仿真模型，重点介绍了绘制广场布局、创建恐怖分子智能体与行人智能体、定义恐怖分子与行人的互动、添加三维效果展示、完成导航菜单等方法。

6.1　绘制广场布局

1）创建模型：创建一个新模型，如图 6.1 所示。

图 6.1　创建模型

2）修改模型比例尺：单击画布中的比例尺，设定比例尺的标尺长度对应为 20 米，如图 6.2 所示。

3）创建广场外围区域：打开演示面板，从演示面板拖动一个矩形到 Main 智能体中并命名为 ground，将其作为广场的地面，设定其属性，如

图 6.2　修改模型比例尺

图 6.3 所示。

4）创建广场内部建筑物：向广场区域内部拖动几个矩形代表建筑物。设置填充颜色为 concrete，线颜色为"无色"，Z- 高度为 50 米，如图 6.4 所示。

图 6.3　创建广场外围区域　　　图 6.4　创建广场内部建筑物

双击折线插件进入绘图模式，在画布中单击选定起始点、转折点和终止点即可绘制出多边形的建筑物，其设置类似于上述矩形建筑物的设置，如图 6.5 所示。

广场建筑物布局搭建完毕后如图 6.6 所示。

图 6.5　绘制多边形建筑物　　　图 6.6　广场建筑物布局

5）修改广场地面设置：修改矩形 ground 属性，修改其填充颜色为 sand，线颜色为无色，如图 6.7 所示。

第 6 章 AnyLogic 行人仿真——广场恐怖袭击疏散仿真模型

图 6.7　修改广场地面设置

修改完成后广场整体布局如图 6.8 所示。

图 6.8　广场整体布局

6.2　创建恐怖分子智能体

1）创建起始和终止节点：打开空间标记面板，拖动两个节点至画布中，代表恐怖分子的起始节点和终止节点（坐标不固定），并分别命名为 startPoint 和 endPoint。两个节点全部设置为不可见，如图 6.9 所示。

2）绘制袭击路线：双击路径进入绘图模式，单击起点

图 6.9　修改节点设置

开始绘制路径，绘制过程中，按住鼠标左键拖动可以绘制曲线，直至终点处释放鼠标按键，双击结束绘制。同节点，将路径的设置修改为不可见。完成后如图 6.10 所示。

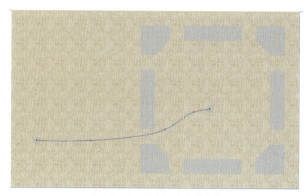

图 6.10　绘制袭击路线

3）创建恐怖分子智能体：打开智能体面板，将智能体拖入画布中，出现选择创建智能体类型，按以下步骤依次选择：单智能体 – 创建新智能体 – 命名为 Terrorist – 选择动画"三维" – "货车" – 完成，如图 6.11 所示。

图 6.11　创建恐怖分子智能体

4）设置起点：单击 terrorist 智能体查看属性，将其初始位置设置为"startPoint"，如图 6.12 所示。

5）添加初始状态：双击 terrorist 智能体进入其内部界面，设置其逻辑。打开智能体面板，拖动状态进入点至画布中，连接第一个状态 Waiting，如图 6.13 所示。

图 6.12　设置起点

图 6.13 添加初始状态

6）添加行驶状态：连接变迁 transition 至 Waiting 状态后，将其触发条件修改为"到时：2 分钟"，如图 6.14 所示。

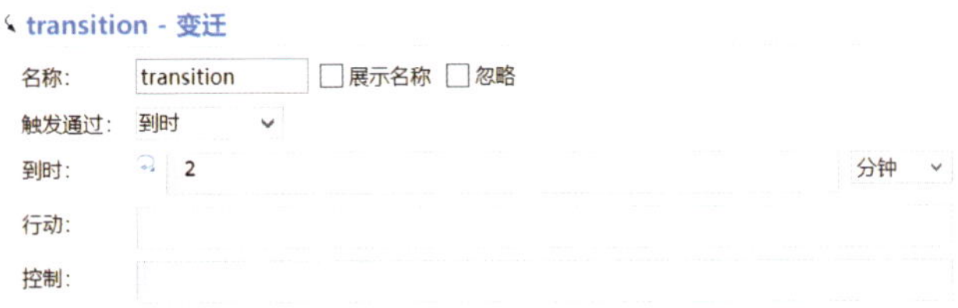

图 6.14 添加变迁（transition）状态

变迁后连接第二个状态 Driving，在"进入行动"处输入代码：

```
moveTo(main.endPoint);
```

表示车辆向着目标点出发，如图 6.15 所示。

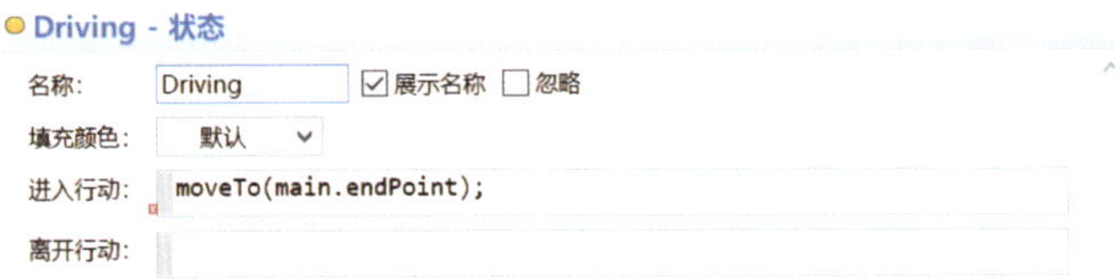

图 6.15 添加行驶（Driving）状态

7）添加最终状态：连接变迁 transition1 至 Driving 状态后，将其触发条件修改为"智能体到达"，如图 6.16 所示。

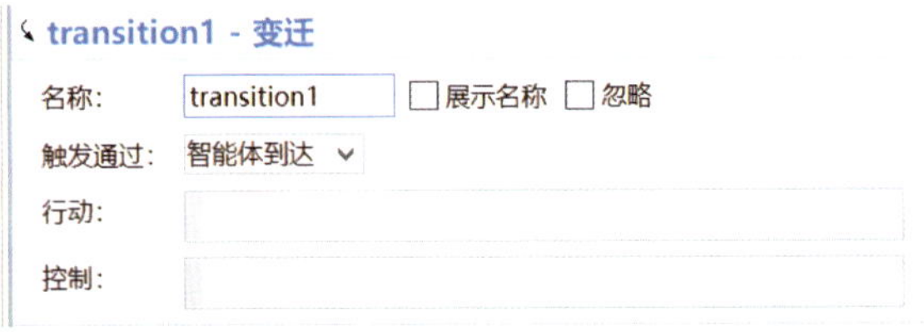

图 6.16 添加变迁（transition1）状态

变迁 transition1 后连接最终状态，完成逻辑建立，如图 6.17 所示。

8）修改模型时间流速：进入工程界面，单击进入 Simulation 仿真面板，设置模型时间比例为 1∶5，如图 6.18 所示。

图 6.17　建立内部逻辑　　　　图 6.18　加快模型时间流速

6.3 创建行人智能体

1）绘制行人活动范围：打开行人库面板，沿着建筑物绘制墙来限制行人的活动范围。绘制后选择"可见：否"，完成后如图 6.19 所示。

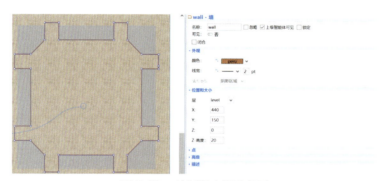

图 6.19　绘制行人活动范围

2）创建出入口的集合：在每一个出入口处拖动一条目标线，设置其属性为不可见，如图 6.20 所示。选中所有出入口目标线，右键单击创建集合，并将集合命名为 exits，如图 6.21 所示。

图 6.20　绘制出入口　　　　图 6.21　创建出入口的集合

3）创建引爆区域的集合：在行人活动区域中间部分拖入四条目标线，属性中设置为不可见，如图 6.22 所示。选中引爆区域内的四条目标线，右键单击创建集合，并将集合命名为 attractions，如图 6.23 所示。

图 6.22　绘制引爆区域　　　图 6.23　创建引爆区域的集合

4）设置行人随机产生：拖动 PedSource 插件至画布中，设置目标线处代码为

```
randomFrom(exits)
```

代表从出入口的集合中随机选中一条目标线，并将到达速率修改为 10000 每小时，如图 6.24 所示。

图 6.24　设置行人随机产生

5）定义行人自由移动流程：打开流程建模库面板，拖动 SelectOutput 插件连接至 pedSource 后。

打开行人库面板，拖动 PedGoTo 插件连接至 selectOutput 右侧出口，设置目标线处代码为

```
randomFrom(attractions)
```

代表从引爆区域的集合中随机选中一条目标线，并将 pedGoTo 出口连接回 selectOutput，完成后如图 6.25 所示。

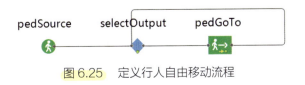

图 6.25　定义行人自由移动流程

6）定义行人逃跑流程：拖动 PedGoTo 插件连接至 selectOutput 下方出口，自动命名为 pedGoTo1。设置目标线处代码为

```
randomFrom(exits)
```

代表从出入口的集合中随机选中一条目标线。

拖动 PedSink 插件连接至 pedGoTo1 后，完成对行人逃跑流程的定义，如图 6.26 所示。

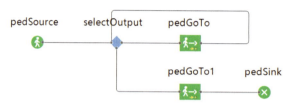

图 6.26　定义行人逃跑流程

7）创建行人智能体自定义类型：选择 pedSource 进入其属性面板，在行人板块单击创建自定义类型，如图 6.27 所示。

出现创建新智能体类型，按以下步骤依次选择：命名为 Person- 选择三维动画"人"- 完成。

打开工程面板，拖动工程面板中的 Person 插件到 Main 智能体中并设置其属性，如图 6.28 所示。

图 6.27　创建行人智能体自定义类型　　图 6.28　将行人智能体设置为智能体群

选择 pedSource 进入其设置界面，在高级设置中添加行人到自定义群"person"中，如图 6.29 所示。此处将在流程图中的行人添加至智能体群中方便后面处理。

图 6.29　将流程图中的行人添加至智能体群

6.4　定义恐怖分子与行人的互动

1）设置恐怖分子属性：双击 terrorist 进入智能体，在智能体面板中拖动参数插件至画布中，并命名为 explodedDuration，设置其类型为"时间"，默认值设置为 2 秒，如

图 6.30 所示。

再次拖动参数插件至画布中,命名为 collisionRange,设置其类型为"长度",默认值设置为 1.5 米,如图 6.31 所示。

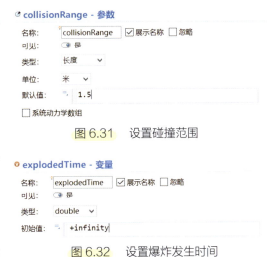

图 6.30　设置爆炸持续时间

图 6.31　设置碰撞范围

拖动变量插件至画布中,命名为 explodedTime,设置其类型为"double",初始值为"+infinity",如图 6.32 所示。

图 6.32　设置爆炸发生时间

2)设置爆炸范围:打开演示面板,拖动椭圆插件至画布中代表爆炸范围。在"可见"一栏中输入代码:

```
inState(finalState)&&time()-explodedTime<explodedDuration
```

表示爆炸范围仅在爆炸持续时间内显示。

设置其填充颜色为透明度为 90 的红色,线颜色为"无色";设置其位置为原点,即 X 坐标为 0,Y 坐标为 0,在其半径处输入代码:

```
200*(time()-explodedTime/explodedDuration)
```

表示爆炸范围随爆炸持续时间的增大而增大。

设置后如图 6.33 所示。

图 6.33　设置爆炸范围

3）设置行人被撞的内部变迁：打开智能体面板，在 Driving 状态中画一条内部变迁（即变迁的起点和终点都在该状态内部）并设置"触发通过 – 到时 0.1 秒"，在行动处输入代码：

```
main.person.forEach(p -> {
    if(distanceTo(p, METER) < collisionRange)
        send("Crashed", p);
});
```

表示车辆在行驶状态中每隔 0.1 秒对 Main 中的行人进行遍历以检测碰撞，如果行人到车辆的距离小于其碰撞范围就发送消息告知行人被撞。

设置行人被撞的内部变迁如图 6.34 所示。

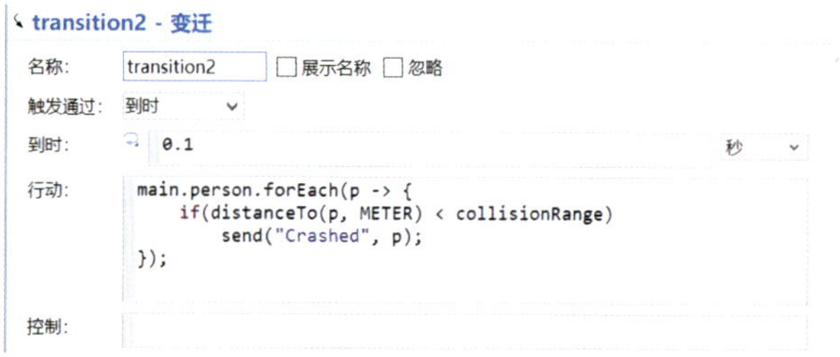

图 6.34　设置行人被撞的内部变迁

4）设置爆炸后的最终状态：单击最终状态，在其行动处输入代码：

```
explodedTime=time();
sendToAll("Exploded");
main.pedSource.set_rate(0);
```

表示车辆自爆后记录自爆时间，给所有行人发送消息告知发生爆炸，并且不再产生新行人到场景中，如图 6.35 所示。

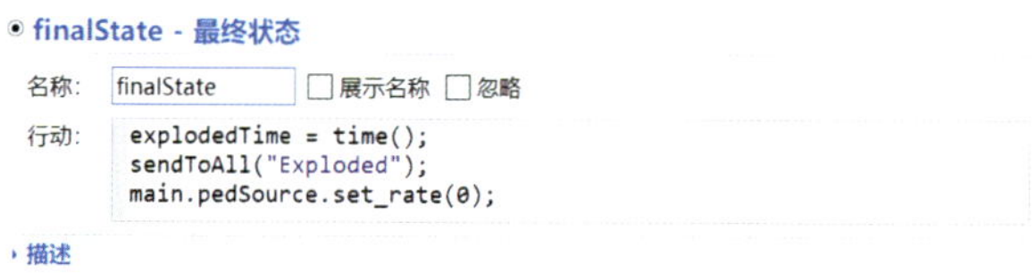

图 6.35　修改最终状态

5）定义行人状态：双击进入 Person 智能体，拖动状态图进入点和两个状态到画布中，两个状态分别命名为 Alive 和 Dead，如图 6.36 所示。

从 Alive 状态绘制一条变迁到 Dead 状态，并设置触发通过为消息，触发变迁为特定消息时，消息为"Crashed"，如图 6.37 所示。

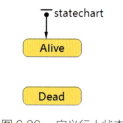

图 6.36　定义行人状态

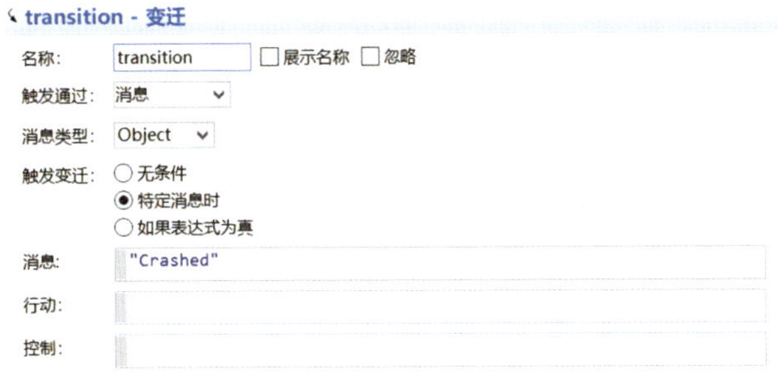

图 6.37　绘制从 Alive 状态到 Dead 状态的变迁

拖动一个分支到 Alive 状态与 Dead 状态之间。从 Alive 状态绘制一条变迁到该分支处，并设置触发通过为消息，触发变迁为特定消息时，消息为"Exploded"，如图 6.38 所示。

图 6.38　绘制从 Alive 状态到分支的变迁

从分支处绘制一条变迁回到 Alive 处，并在条件处输入代码：

```
randomTrue(distanceTo(main.terrorist)/200)
```

表示行人距离自爆车辆越远，存活概率越高，如图 6.39 所示。

图 6.39　绘制从分支到 Alive 状态的变迁

从分支处绘制一条变迁到 Dead 状态，不做任何设置。

绘制完成后的行人状态图如图 6.40 所示。

6）设置行人不同状态下的形象：打开三维物体面板，拖动行人形象到画布中，设置其方向为第二个，并定义其位置，如图 6.41 所示。

打开演示面板，通过折线插件绘制一个多边形。设置其线颜色为"无色"，填充颜色为红色并自行调整透明度，并定义 Z- 高度为 0.2，如图 6.42 所示。

087

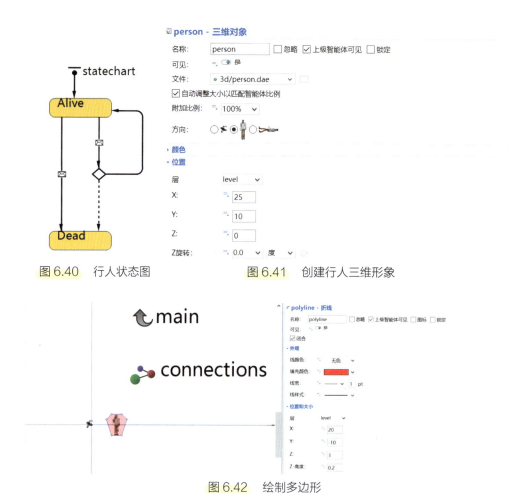

图 6.40 行人状态图   图 6.41 创建行人三维形象

图 6.42 绘制多边形

选中行人三维形象和绘制好的多边形，右键单击创建组。在"可见"一栏中输入代码：

```
inState(Dead)
```

并设置其 Z 轴坐标为 3，如图 6.43 所示。

图 6.43 设置行人死亡状态

单击原点处的行人,在"可见"一栏中输入代码:

```
inState(Alive)
```

设置行人存活状态如图 6.44 所示。

图 6.44　设置行人存活状态

将死亡状态下的行人组拖动到原点,至此完成对行人所有状态的建立。

7)设置行人疏散触发条件:回到 Main 智能体中,打开流程建模库面板,拖动 SelectOutput 插件,并与 pedGoTo 和 pedGoTo1 下方出口连接,系统自动命名为 selectOutput1。在其选择输出条件处输入代码:

```
agent.inState(agent.Alive)
```

设置行人疏散触发条件如图 6.45 所示。

图 6.45　设置行人疏散触发条件

8)书写并调用寻找最近出口的函数:打开智能体库,拖动函数插件到画布中,命名为 getNearstExit,并设置返回值为 TargetLine,定义其参数为 ped(类型为 Person),并在函数体处输入代码:

```
TargetLine nearst=null;
double minDis=+infinity;
for(TargetLine l : exits){
    if(ped.distanceTo(l.getPointAtOffset(l.length(), null))<minDis){
        nearst=l;
        minDis=ped.distanceTo(l.getPointAtOffset(l.length(), null));
```

```
        }
    }
    return nearst;
```

表示寻找遍历所有目标线集合，直到寻找到最近的目标线为止。

书写并调用寻找最近出口的函数如图 6.46 所示。

图 6.46　书写并调用寻找最近出口的函数

打开行人库面板，拖动 PedGoTo 插件连接至 selectOutput1 右侧出口，系统会自动命名为 pedGoTo2，在其属性面板中将上述函数填入目标线参数中，即在"目标线"选项卡处输入代码：

```
getNearstExit(ped)
```

在"行动进入时"选项卡处输入代码：

```
ped.setComfortableSpeed(ped.getComfortableSpeed()*3);
```

调整行人疏散的速度和方向如图 6.47 所示。

9）定义行人死亡后流程：从行人库中拖动 PedSink 插件到流程图中连接 pedGoTo2 的右侧出口，不做任何设置。

再拖动 PedExit 插件连接至 selectOutput1 下方出口，在其属性面板中设置离开的智能体"停留在原地"，如图 6.48 所示。

打开流程库面板，拖动 Exit 插件连接至 pedExit 右侧出口，Main 智能体内行人流程图如图 6.49 所示。

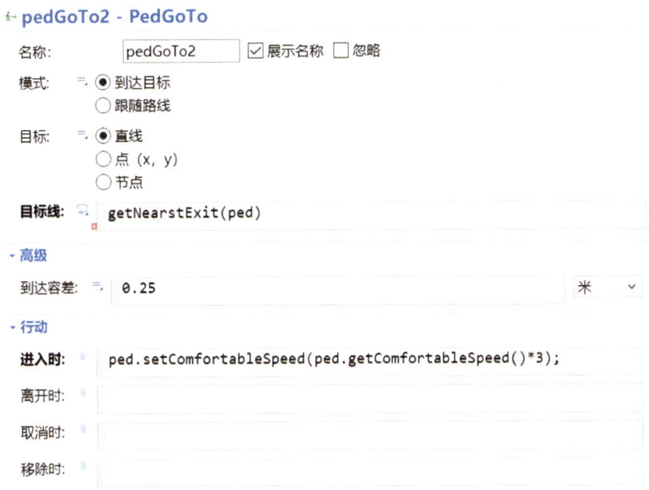

图 6.47　调整行人疏散的速度和方向

图 6.48　设置行人离开智能体

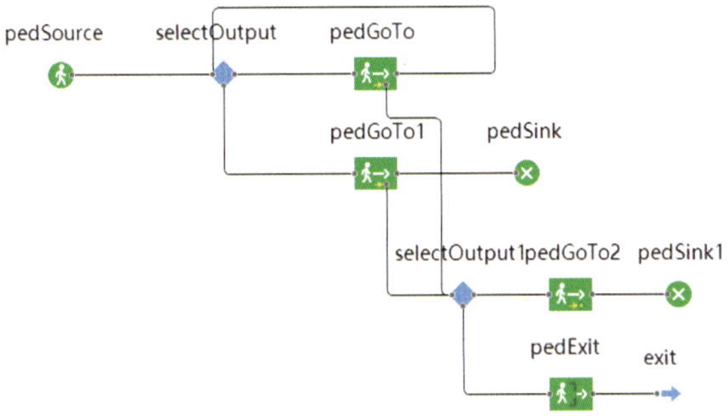

图 6.49　Main 智能体内行人流程图

10）修改行人死亡状态和变迁：双击进入 Person 智能体。单击 Dead 状态，在其"进入行动"选项卡处输入代码：

```
main.pedGoTo.cancel(this);
main.pedGoTo1.cancel(this);
```

修改行人死亡状态如图 6.50 所示。

图 6.50　修改行人死亡状态

单击从分支到 Alive 状态的变迁，在其属性面板中的"行动"选项卡处输入代码：

```
main.pedGoTo.cancel(this);
main.pedGoTo1.cancel(this);
```

修改变迁（transition2）如图 6.51 所示。

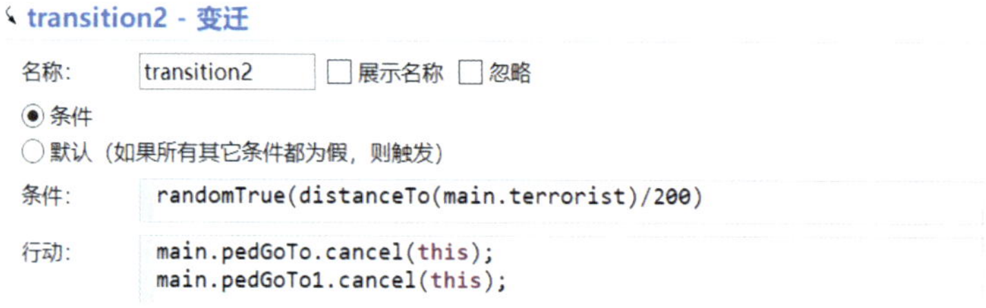

图 6.51　修改变迁（transition2）

11）修改比例尺：双击进入 terrorist 智能体，设置其比例尺标尺长度对应为 20 米，如图 6.52 所示。

图 6.52　调整恐怖分子（terrorist）智能体内部比例尺

6.5　添加三维效果展示

1）添加二维展示图：回到 Main 智能体中，打开演示面板，拖动一个视图区域到二维展示图范围并命名为 viewArea2D，如图 6.53 所示。

图 6.53　添加二维展示图

2）添加三维展示图：拖动一个视图区域到 Main 智能体空白处并命名为 viewArea3D，再拖动三维窗口到 viewArea3D 中，调整大小使其一致，如图 6.54 所示。

图 6.54　添加三维展示图

3）设置运行时默认进入三维界面（图 6.55）：在 Main 智能体中单击空白处，在其属性面板中"启动时"选项卡处输入代码：

```
viewArea3D.navigateTo();
```

图 6.55　设置运行时默认进入三维界面

4）设置初始三维视角：运行模型，在三维窗口中找到合适的初始三维视角，右键单击弹出菜单，单击复制摄像机位置，如图 6.56 所示。

图 6.56　设置初始三维视角

5）设置摄像机初始位置：在演示面板中拖动摄像机插件到 Main 智能体中，在其属性面板中从剪贴板粘贴坐标，如图 6.57 所示。

图 6.57　设置摄像机初始位置

6）固定摄像机：单击三维窗口，在其属性面板中将摄像机指定为上面拖入的 camera，如图 6.58 所示。

图 6.58　固定摄像机

7）设置智能体演示的位置：单击 Main 智能体中的 terrorist_presentation- 智能体演示，设置其坐标为（0，0，0），如图 6.59 所示。

图 6.59　设置智能体演示的位置

8）在车辆后方放置摄像机：双击进入 terrorist 智能体，拖动摄像机到画布中。设置其属性如图 6.60 所示。

9）设置车辆视角跟随：单击从 Waiting 状态到 Driving 状态的变迁，在"行动"选项卡处输入代码：

```
getEngine().setRealTimeScale(2);
main.window3d.setCamera(camera, true);
```

表示设置摄像机完成车辆视角跟随，完成后如图 6.61 所示。

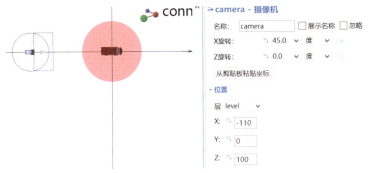

图 6.60　在车辆后方放置摄像机

图 6.61　设置车辆视角跟随

10）设置爆炸后三维视角：运行模型，在车辆自爆后选择合适的三维视角，右键单击弹出菜单，单击复制摄像机位置，如图 6.62 所示。

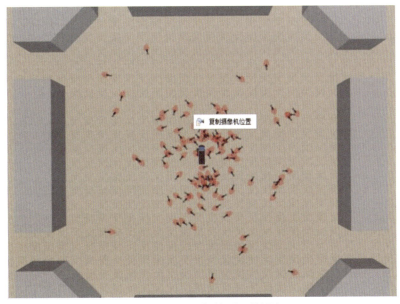

图 6.62　设置爆炸后三维视角

11）固定爆炸后的摄像机：在 Main 智能体中拖动一个摄像机，并在其属性面板单击"从剪贴板粘贴坐标"，注意这个摄像机的名称，下面要用到，如图 6.63 所示。

图 6.63　固定爆炸后的摄像机

12）修改最终状态下的摄像机位置：双击进入 terrorist 智能体中，单击最终状态，在其"行动"一栏增加代码：

```
main.window3d.setCamera(main.camera1, false, 2000);
```

修改最终状态下的摄像机位置如图 6.64 所示。

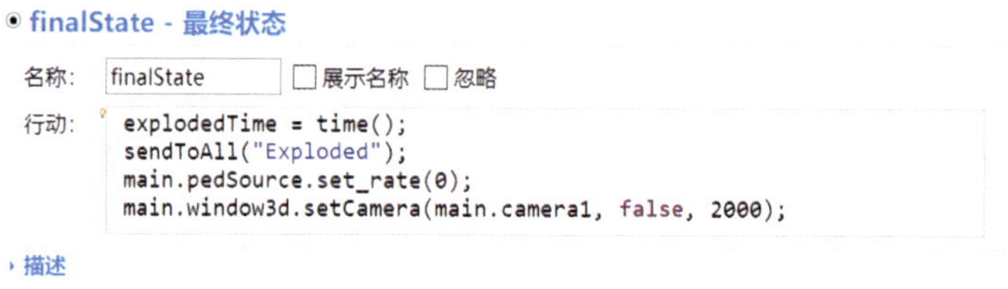

图 6.64　修改最终状态下的摄像机位置

6.6　完成导航菜单

1）调整三维窗口大小：调整 Main 智能体中的三维窗口大小，将上方留出一部分给导航菜单，如图 6.65 所示。

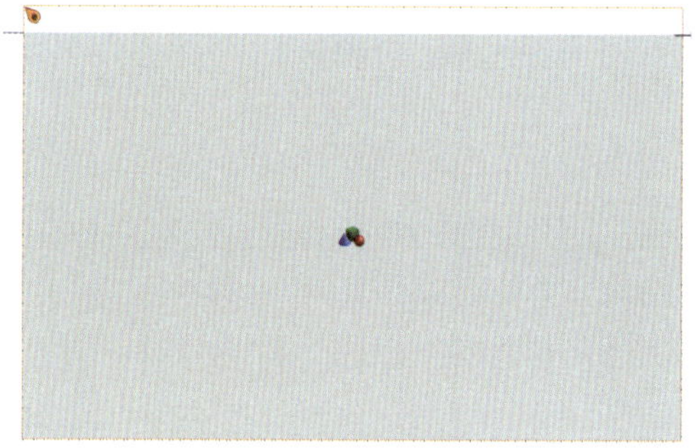

图 6.65　调整三维窗口大小

2）绘制矩形作为菜单背景：打开演示面板，双击矩形进入绘图模式，绘制大小合适的矩形，并调整其填充颜色和线颜色，如图 6.66 所示。

图 6.66 绘制矩形作为菜单背景

3）添加文本栏：拖动组插件到绘制好的矩形左上角处，修改其名称为 menu，并在高级设置中设置"只有二维展示"。

拖动文本插件到菜单处，并将文本修改为 2D，调整字体到合适大小和合适位置。同理生成 3D 文本，完成后如图 6.67 所示。

图 6.67 完成文本生成

选中两处文本和菜单背景，将其全部添加至 menu 组中。

4）书写导向函数：打开智能体库，拖动函数插件至 Main 智能体中。设置其名称为 navigate，修改其参数名称为 view，类型为 ViewArea，在其函数体处输入代码：

```
view.navigateTo();
menu.setPos(view.getX(),view.getY());
```

书写导向函数如图 6.68 所示。

图 6.68 书写导向函数

5）文本调用导向函数（图 6.69）：选中 2D 文本，在其高级设置"点击时"处输入代码：

```
navigate(viewArea2D);
```

图 6.69　文本调用导向函数

同理，选中 3D 文本，在其高级设置"点击时"处输入代码：

```
navigate(viewArea3D);
```

至此，模型建立完毕。

6）模型运行效果：运行模型，进行 2D、3D 不同视角下的切换，观察恐怖分子引爆炸弹前后的人群运动变化，如图 6.70 所示。

a）2D 视角下的模型初始状态　　　　　　b）3D 视角下的模型结束状态

图 6.70　不同视角下的模型运行效果

课后习题

1）在本模型中，增加行人的负伤状态，具体定义为：距离爆炸位置越近，行人越易受伤，距离缩小到一定程度，行人死亡。

2）在本模型中，获取行人的存活率。

第 7 章 AnyLogic 行人库与道路交通库仿真——十字路口仿真模型

本章重点介绍如何应用行人库与道路交通库建立一个十字路口仿真模型,具体介绍了道路交通库、绘制道路布局、模拟车流、模拟行人流、添加三维效果展示、信号灯配时优化等。

7.1 道路交通库

AnyLogic 道路交通库是用于仿真和管理道路交通系统的交通工程和规划工具。道路交通模型可以模拟街道和高速公路上的交通,包括十字路口、人行横道、环岛、停车场和公交车站等。该库允许用户创建、仿真和可视化车辆交通模型,并提供了非常有效的实体车辆移动建模,同时支持高度细节化。

具体来说,AnyLogic 道路交通仿真具有以下特点:

1)道路交通库的预定义算法考虑了驾驶规则,如速度控制、选择最不繁忙的车道、车道并线规则以及避免和检测碰撞。

2)每辆车代表一个拥有特定物理参数的智能体,如长度、速度和加速度。通过流程图对车辆的行为进行仿真,以拖拽的方式轻松构建模型。

3)道路交通库提供的工具可以方便地对交叉口的交通、交通信号灯、人行横道、公交车站和停车场等进行建模。

4)可以使用行人库和轨道库元素来扩展道路交通模型,模拟包括铁路枢纽和机场航站楼在内的复杂交通系统。

7.2 绘制道路布局

1)创建新模型:创建一个新模型,如图 7.1 所示。

2)创建丁字路口:打开道路交通库面板绘制道路。双击"路"插件后在画布上绘制一条适当长度的水平道路，系统自动命名为 road。

图 7.1　创建新模型

再次双击"路"插件，在画布上绘制一条适当长度的竖直道路，注意让两条道路中心线相交，即可自动生成丁字路口，如图 7.2 所示。将绘制生成的竖直道路命名为 road1，将水平道路与竖直道路相连部分的右侧道路命名为 road2。

图 7.2　创建丁字路口

7.3　模拟车流

7.3.1　绘制车流

1）设置车流产生：将 CarSource 插件拖入画布中，命名为 carSource1。定义到达通过方式为"速率"，设置出现位置为"在路上"，具体道路可以通过"路"下拉选项框选中 road1，或者通过右侧的图标（捕获标志）选中 road1 的道路中心线，选中道路后设置进入方式为"正向车道"，即车流会在 road1 的正向车道上出现（正向指道路的箭头指向，反向则违反交通规则）。设置后如图 7.3 所示。

再次拖入 CarSource 插件，在水平道路上加入另一个同向车流，以同样方式设置，此时将"路"设置为 road。

2）设置车流分流：将停车场插件拖入画布中，并在上方道路一侧放置。

打开流程建模库，将 SelectOutput 插件拖入画布中并命名为 selectOutput。双击 CarSource 插件右侧的端口，将 carSource1、carSource2 均连接到 selectOutput 的左侧端口，如图 7.4 所示。对于该 SelectOutput 插件，左侧接口为入口，右侧和下方为不同条件的出口。

图 7.3　设置车流产生　　　　图 7.4　设置车流分流

此处设置车辆分流逻辑为：两个车流中有 90% 的车辆正常行驶至道路末端，剩余 10% 的车辆选择进入停车场停车，若停车场车位已满，则车辆将无法进入，并继续行驶至道路尽头。

单击查看 selectOutput 属性，设置概率为 0.9，如图 7.5 所示。此时通过 selectOutput 后右侧处的概率为 0.9，通过下方处的概率为 0.1。

图 7.5　设置车辆分流概率

3）定义车流消失流程：打开道路交通库，将 CarMoveTo 插件连接至 selectOutput 的右侧出口并命名为 carMoveTo。单击查看 carMoveTo 属性，设置"路"为水平道路 road2。将 CarDispose 插件拖入并连接至 carMoveTo，这样行驶到道路末端的车流就会消失，如图 7.6 所示。

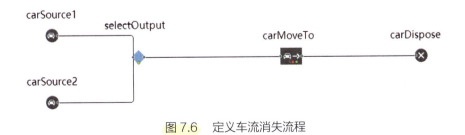

图 7.6　定义车流消失流程

4）设置车辆前往停车场：将 CarMoveTo 插件连接至 selectOutput 的下方出口并命名为 carMoveTo1。单击查看 carMoveTo1 属性，设置"移动到"停车场，在停车场选择区域选定 parkingLot（刚才在道路设置中拖拽到水平道路旁的停车场），如图 7.7 所示。

打开流程建模库，将 Delay 插件连接在 carMoveTo1 后并命名为 delay。单击查看 delay 属性，设置延迟时间，此处延迟时间即车辆会在停车场中停留的时间，并勾选最大容量，如图 7.8 所示。

图 7.7　设置车辆前往停车场　　　　图 7.8　设置车辆在停车场停留的时间

将 delay 连接至 carMoveTo，代表离开停车场的车继续沿路行驶；同时，将 carMoveTo1 下方出口连接至 carMoveTo。模拟车流流程图如图 7.9 所示。

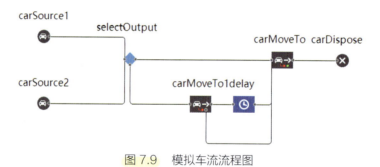

图 7.9　模拟车流流程图

运行模型，观察模型效果，如图 7.10 所示。

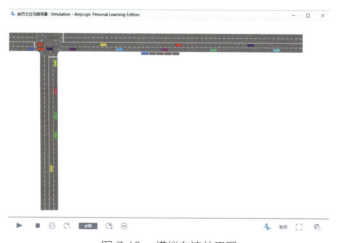

图 7.10　模拟车流效果图

⚠ 注意：

1）停车场需要离路口有一定距离，否则内道车辆会因为没有足够距离变道而报错。

2）carMoveTo1 下方出口需要连接至 carMoveTo 的原因：当出现停车场车位已满的情况时，允许后续触发条件的车辆从下方出口继续行驶离开。

3）车流无法到达道路终点：注意 CarSource 中对于车流的产生位置设置，道路箭头指向为正向车道，另一侧为反向车道。

7.3.2 设置时刻表模拟公交车发车

1）添加公交车站：双击道路交通库中"巴士站"插件，在道路一侧添加公交车始发站和终点站，添加时注意行驶方向。

2）添加公交车时间表：打开智能体面板，将时间表插件拖入画布中，命名为 busSchedule。单击查看 busSchedule 属性，设置数据类型为整型，时间表定义为时刻，持续类型为以天为单位。通过右侧加号向时间表中添加数据，添加的发车时间数据根据模型时间修改恰当即可，如图 7.11a 所示。通过工程视图中 Simulation:Main 查看模型时间，如图 7.11b 所示。

a）时间表　　　　　　　　　　　　b）模型时间

图 7.11　设置公交车时间表

3）设置公交车产生：将 CarSource 插件拖入画布中，命名为 busSource。单击查看 busSource 属性。定义到达通过方式为"到达时间表"，到达时间表选中 busSchedule；出现位置设置为"在路上"，"路"选中 road1。取消勾选"随机车道"，选择最左侧车道 0（否则会出现与其他车流换道冲突问题），如图 7.12 所示。

4）定义公交车行驶流程：将 CarMoveTo 插件拖至 busSource 后与其相连，并命名为 busMoveTo。设置 busMoveTo 属性为

图 7.12　设置公交车产生

移动到"公交车站",并选中始发站。

打开流程建模库,将 Delay 插件拖入并连接在 busMoveTo 后,命名为 busdelay,单击查看 busdelay 属性,设置延迟时间并勾选最大容量,建立始发站流程。

重复上述流程建立公交车站终点站流程,即分别连接 busMoTo1、busdelay1、busMoveTo2 以及 busDispose,模拟公交车流程图如图 7.13 所示。

图 7.13　模拟公交车流程图

运行模型,观察模型效果,如图 7.14 所示。

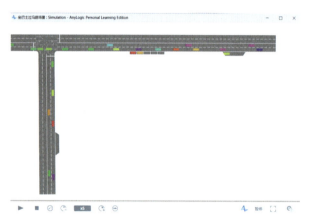

图 7.14　模拟公交车流模型效果图

⚠注意:公交车变道错误(图 7.15),此处应注意 busSource 的设置,应关闭随机车道,将公交车生成在右侧车道,并且 busstop 的位置应与道路尽头保持一段距离。

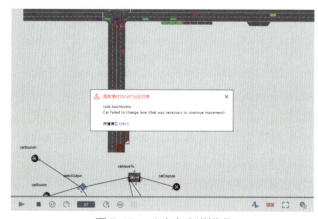

图 7.15　公交车变道错误

7.4 模拟行人流

7.4.1 行人流

1）绘制行人等待区域：打开行人库，双击目标线插件，在始发站附近绘制一条目标线 targetLine 作为出现行人的位置；双击矩形节点插件，在始发站附近绘制出大小恰当的矩形节点区域 node 作为行人等待区域，如图 7.16 所示。同理，在终点站附近也绘制大小恰当的矩形节点区域作为行人下车位置，并绘制一条目标线作为行人离开位置。

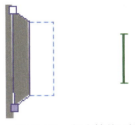

图 7.16　行人等待区域

2）定义行人等车流程：将 PedSource 插件拖入画布中，并命名为 pedSource，设置其目标线为 targetLine；将 PedGoTo 插件拖入画布中，连接至 pedSource 后并命名为 pedGoTo，设置矩形节点区域 node 为到达目标；将 PedExit 插件连接至 pedGoTo 后并命名为 pedExit，设置离开的智能体为"停留在原地"。

打开流程建模库，双击 Queue（在指定区域排队），连接至 pedGoTo 后并命名为 queue，定义行人等车流程图如图 7.17 所示。

图 7.17　定义行人等车流程图

⚠注意：pedExit 可以将行人从 Main 智能体环境中移除，并通过端口发送至 Queue 插件。若未插入 pedExit，车辆载人时会报错空指针异常。

7.4.2 模拟行人上下公交车场景

1）设置公交车拾取行人：打开流程建模库，在模拟公交车流程图 busdelay 和 busMoveTo1 间拖入 Pickup 插件（该插件可以拾起指定智能体）并命名为 pickup。将行人等车流程图中的 Queue 插件连接至 pickup 的下方接口并命名为 queue，单击 pickup 查看属性，将拾取对象选定为 queue，如图 7.18 所示。

图 7.18　设置公交车拾取行人

完成后的流程图如图 7.19 所示。

图 7.19　定义行人进入公交车智能体流程图

2）设置公交车放置行人：打开流程建模库，在 busMoveTo1 和 busdelay1 间拖入 Dropoff 插件（与 Pickup 插件相对应，可放下智能体）。

打开行人库，将 PedEnter 插件连接至 dropoff 下方接口并命名为 pedEnter，单击查看 pedEnter 属性，设置其出现在终点处矩形区域 node1；将 PedGoTo 插件连接至 pedEnter 后并命名为 pedGoTo1，将其目标线选定为终点站附近的目标线；将 PedSink 插件连接至 pedGoTo1 后并命名为 pedSink，完成后的流程图如图 7.20 所示。

运行模型，观察模型效果，如图 7.21 所示。

图 7.20　定义行人离开公交车智能体流程图　　图 7.21　模拟行人上下公交车效果图

7.4.3　模拟行人过马路场景

1）添加交通灯：打开道路交通库，单击交通灯插件，将其拖入画布中并命名为 trafficLight。单击查看 trafficLight 属性，选定路口为已建立好的丁字路口；阶段处可以通过右侧黄色加号添加黄灯，对红、绿、黄灯的时间和分布进行合适的设置，如图 7.22 所示。

图 7.22　设置交通灯

2）绘制行人过马路区域：打开行人库，双击目标线插件，在丁字路口一侧绘制一条目标线作为行人出现的位置，并在马路另一侧绘制一条目标线作为行人离开的位置；双击矩形节点插件，在两条目标线之间绘制一个矩形区域作为行人过马路的位置，绘制完成后如图7.23所示。

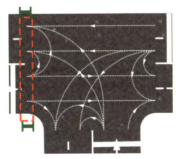

图 7.23　绘制行人过马路区域

3）定义行人过马路流程：将 PedSource 插件拖入画布中，并命名为 pedSource1，设置目标线 targetLine2；将 PedGoTo 插件拖入画布中，连接至 pedSource 后并命名为 pedGoTo2，设置目标线 targetLine3 作为到达目标。将 PedSink 插件连接至 pedGoTo2 后并命名为 pedSink1，如图 7.24 所示。

图 7.24　定义行人过马路流程

4）设置行人移动条件：单击 node2 查看矩形节点属性，勾选"进入限制"，进入限制通过"条件"限制，并在条件处输入代码：

`trafficLight.getCurrentPhaseIndex()==2`

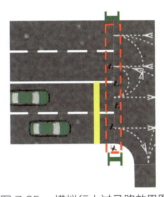

⚠ 注意：该代码含义为当交通灯为绿灯的时候，该区域开启进入限制，不允许行人进入。

运行模型，观察模型效果，如图 7.25 所示。

图 7.25　模拟行人过马路效果图

⚠ 注意：绘制动画帧出现错误（图 7.26），此处由于目标线绘制时两端未闭合，因此无法正常进行仿真报错。需要对目标线重新绘制，双击结束生成一条两端闭合的目标线。

图 7.26　绘制动画帧出现错误

7.5 添加三维效果展示

7.5.1 添加三维模型

1）添加智能体动画形象：打开流程建模库，将智能体类型拖入画布中，命名为 ped，选择人的形象作为智能体动画，单击完成。

单击查看 pedSource 属性，将新行人和高级中的行人类型修改为 ped，如图 7.27 所示。

重复上述流程，添加 bus、car 动画类型，并分别添加至 busSource 和 carSource。

2）添加地面：打开演示库，双击矩形插件，在画布上绘制出与道路大小相当的矩形并命名为 ground。单击查看矩形属性，填充颜色选择 gravel，根据道路位置确定 X、Y 坐标，Z 坐标输入 –1，高度为 0.9。右击 ground，将其置于底层。具体设置如图 7.28 所示。

⚠ 注意：此处地面高度要略低于道路高度，否则演示动画会出现颜色混合的情况。

图 7.27　设置行人智能体动画形象　　图 7.28　设置地面属性

⚠ 注意：①智能体无法解析为类型（图 7.29），此处建立智能体时应从行人库和道路库中拖出建立，不应直接从智能体库中拖出；②智能体不能添加入相应智能体群（图 7.30），注意设置 carSource 或 pedSource 时应该在"车辆"或者"行人"一栏设置建立好的智能体，而不应在"高级"一栏设置。

图 7.29　智能体无法解析为类型

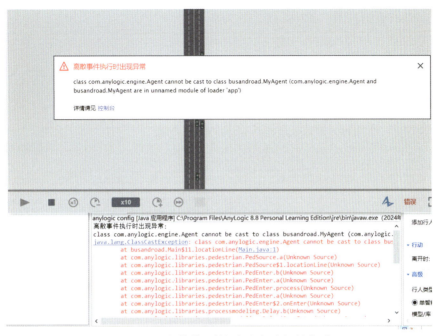

图 7.30　智能体不能添加入相应智能体群

3）添加其他三维物体：打开三维物体库，将合适的建筑物、树、长椅等三维物体拖入画布适当位置。道路完成图如图 7.31 所示。

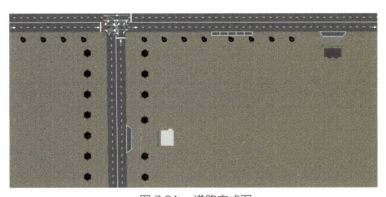

图 7.31　道路完成图

7.5.2　设置不同视角

1）添加三维窗口：打开演示库，将三维窗口拖入画布中适当位置并命名为 window3d。将摄像机拖入画布中并命为 camera，在道路上合适位置放置（此处可对摄像机角度、坐标等调整以获取最佳视角）。单击 window3d 查看属性，将摄像机修改为 camera。

将视图区域拖入画布中命名为 view3D，完全框选住 window3d，并在上方留出部分空白区域。

三维窗口设置图如图 7.32 所示。

同理将视图区域拖入画布中命名为 view2D，完全框住道路完成图作为二维视角；将 viewLogic 视图区域完全框住流程图作为逻辑绘制图。

2）添加文本栏：双击矩形进入绘图模式，绘制大小合适的矩形，并调整其颜色为 lavender，线颜色为"无色"。

图 7.32　三维窗口设置图

拖动组插件到绘制好的矩形左上角处，修改其名称为 menu，并在高级设置中设置"只有二维展示"。

拖动文本插件到菜单处，并将文本修改为 2D，调整字体到合适大小和合适位置。同理生成 3D 文本和 Logic 文本，完成后如图 7.33 所示。

图 7.33　生成文本

选中三处文本和菜单背景右键将其全部添加至 menu 组中。

3）书写导向函数（图 7.34）：打开智能体库，拖动函数插件至 Main 智能体中。设置其名称为 navigate，修改其参数名称为 view，类型为 ViewArea，在其函数体处输入代码：

```
view.navigateTo();
menu.setPos(view.getX(),view.getY());
```

图 7.34　书写导向函数

4）文本调用导向函数（图 7.35）：选中 2D 文本，在其高级设置"点击时"处输入代码：

```
navigate(view2D);
```

图 7.35　文本调用导向函数

同理，选中 3D 文本，在其高级设置"点击时"处输入代码：

navigate(view3D);

选中 Logic 文本，在其高级设置"点击时"处输入代码：

navigate(viewLogic);

5）主智能体调用导向函数：单击画布，查看 Main 智能体属性，在"智能体行动"一栏的"启动时"输入代码：view3D.navigateTo();

设置主智能体行动如图 7.36 所示。

6）模型运行效果：单击进入运行界面，切换 3D 视角，如图 7.37a 所示；切换 2D 视角，如图 7.37b 所示；切换 Logic 视角，如图 7.37c 所示。

图 7.36　设置主智能体行动

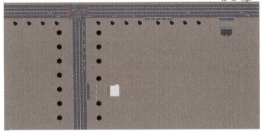

a）3D 视角　　　　　　b）2D 视角

c）Logic 视角

图 7.37　不同视角的切换

7.6 信号灯配时优化

7.6.1 车辆延误的计算

1）打开流程建模库，将 TimeMeasureStart 插件拖入 carSource1 和 selectOutput 间作为由南至北行驶车辆的计时起点，命名为 South-timeMeasureStart，同理建立 West-timeMeasureStart 作为由西至东行驶车辆的计时起点；将 TimeMeasureEnd 插件拖入 carMoveTo 和 carDispose 间作为行驶车辆的计时终点。完成后的车辆计时流程图如图 7.38 所示。

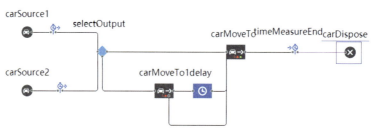

图 7.38　车辆计时流程图

2）打开分析库，将直方图拖入画布中，数据标题修改为 timeMeasure，直方图修改为 timeMeasureEnd.distribution，颜色修改为"深色"。运行后如图 7.39a 所示。在运行过程中可以查看 timeMeasureEnd 属性，如图 7.39b 所示。

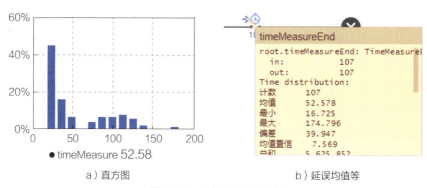

a）直方图　　　　　　　　　　　　b）延误均值等

图 7.39　车辆延误的计算

7.6.2 模型优化实验

1）添加信号灯配时参数：打开智能体面板，将参数插件拖入画布中并命名为 parameterS（代表南侧信号灯的参数），将类型修改为 int，默认值修改为 15，如图 7.40 所示；同理，建立参数 parameterWE 作为东西侧信号灯参数。

图 7.40　设置南侧信号灯时间

2）调整信号灯的参数：单击查看 trafficLight 属性，将持续时间修改为新参数 parameterS 和 parameterWE，如图 7.41 所示。

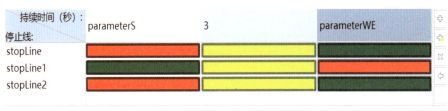

图 7.41　信号灯的参数调整

3）修改模型运行时间：单击工程面板中的 Simulation-Main，将模型时间修改为有限时间，如 1 小时停止。

4）设置优化实验参数：右击工程面板中的实验场景名称，操作步骤为：新建 – 实验 – 优化 – 完成。单击查看新建的优化实验 Optimization，此时需要不断迭代找到车辆延误 timeMeasureEnd 中的平均值和最小值，故将目标修改为"最小化"，并输入代码：

```
root.timeMeasureEnd.distribution.mean();
```

将迭代次数修改为 500，其他参数修改如图 7.42 所示（此处最小值、最大值都可根据需求修改）。

5）迭代得到最优结果：运行优化实验，观察迭代结果，如图 7.43 所示，得到最优的信号灯配比和车流平均延误时间。

图 7.42　设置优化实验参数

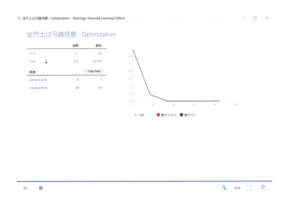

图 7.43　迭代得到最优结果

课后习题

1）在本模型中，增加对向车流并完成所有方向的行人过马路模拟。

2）在本模型中，获取行人乘车平均时长。

AnyLogic

行人交通仿真实用教程

第 8 章　AnyLogic 行人库与轨道库仿真——地铁站仿真模型

本章将主要应用行人库、流程建模库和轨道库建立一个较为复杂的地铁站仿真模型，重点介绍了轨道库、绘制地铁站布局、创建行人智能体、添加售票设施与安检设施、定义行人进站流程、定义地铁进站流程、封装地铁站台、定义行人上下地铁流程等。

8.1 轨道库

AnyLogic 轨道库是模拟铁路物流业务的工具包。在规划或重新设计铁路网络、分析现有网络参数和分配资源时，轨道库能起到非常重要的作用。该库允许用户高效地建模、仿真和可视化任意复杂度和规模的铁路调车场作业，便于用户将铁路调车场模型和相关的运输、装卸、资源分配、维护、商业流程等离散事件或基于智能体的模型结合起来。

具体来说，AnyLogic 轨道仿真具有以下特点：

1）模型中的每个有轨电车或机车都是具有特定状态和属性的智能体，并且其流程逻辑以流程图的形式进行设置。

2）当列车沿着路径移动时，轨道库能够自动计算路径并设置开关状态。因此，用户可以检测到可能发生的碰撞并及时处理。

3）既支持高层次建模，用户可以通过拖放方式添加模块，并设置参数以形成完整的流程图，而无须任何编程；也支持低层次建模，即用户可以调用所提供的众多函数直接控制轨道交通模型中的任意元素：列车、车厢、轨道和道岔等。

4）通过使用行人库和道路交通库元素扩展的铁路模型，用户可以精确地创建火车站、地铁站和有轨电车网络模型。

本章将主要应用行人库、流程建模库和轨道库建立一个较为复杂、功能全面的地铁站仿真模型。模型主要功能包括：行人上下楼梯和电梯、行人通过闸机安检、行人购票检票、行人上下地铁以及行人限流模拟。

8.2 绘制地铁站布局

1）创建新模型：创建一个新模型，如图 8.1 所示。

图 8.1　创建新模型

2）创建新层：在 Main 智能体界面右下角单击创建新层。创建 ground 和 upperground 两个新层，并将 upperground 的 Z 轴高度设置为 60，如图 8.2 所示。

图 8.2　创建新层

⚠注意：此处设置高度为 60，模型的比例尺为 1 米 =10 像素，60 像素为 6 米，即两层的高度差为 6 米。

3）绘制地铁站外围布局：选择在 ground 层上绘制。单击进入行人库，双击墙进入绘制模式，绘制出地铁站的大致布局（不一定完全一致），注意留出进站、安检、购票、检票的位置，如图 8.3 所示。

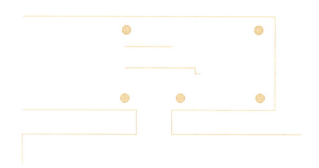

图 8.3　绘制地铁站外围布局

4）创建扶梯组：选择在 upperground 层上绘制。单击目标线拖入画布中，添加其至地铁站左侧空白处并命名为 targetLineIn。

拖动扶梯组插件到 targetLineIn 右侧，设置其位于 groud 层，上层为 upperground，扶梯数为 2，长度为 80，如图 8.4 所示。图中坐标根据模型不同而不同。

图 8.4　设置扶梯组

选中其中一条扶梯，将其方向改为向下，保证两条扶梯方向不同。

绘制扶梯组如图 8.5 所示。

5）创建楼梯区域：双击矩形节点进入绘制模式，绘制与扶梯长度相同的矩形作为楼梯。设置其位于 upperground 层且方向为"斜的"，设置斜坡角度为 –30 度，如图 8.6 所示。

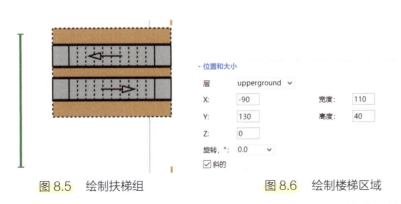

图 8.5　绘制扶梯组　　　　图 8.6　绘制楼梯区域

打开演示面板，将矩形插件拖入到绘制好的矩形节点，设置楼梯属性如图 8.7 所示。

图 8.7 设置楼梯属性

⚠ **注意**：

a）此处绘制一个台阶的宽度为 10。X 坐标处，"10-index*10"中的第一个 10 代表第一个台阶的 X 坐标，即位于 ground 层的台阶，需通过计算得到；index*10 代表第 index 个台阶与第一个台阶的 X 坐标之差。

b）同理，Z 坐标处"index*5"代表第 index 个台阶与第一个台阶的 Z 坐标之差。

c）重复设置为 11 代表 11 个台阶，并生成 index 序列供每个台阶进行坐标计算，此处可以通过设定不同的值对模型进行微调。

绘制楼梯如图 8.8 所示。

6）运行模型，查看三维视图：拖动三维窗口到画布空白处，运行模型，查看扶梯与楼梯的方向和高度等是否正确，如图 8.9 所示。

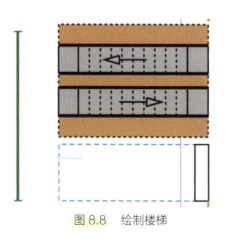

图 8.8 绘制楼梯

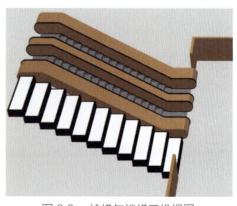

图 8.9 扶梯与楼梯三维视图

7）绘制目标线：打开行人库，在楼梯处绘制两条目标线，如图 8.10 所示。

图 8.10　绘制目标线

从左至右依次命名为 targetLine1、targetLine2，设置 targetLine1 位于 upperground 层，targetLine2 位于 ground 层。

8.3　创建行人智能体

1）创建行人智能体：拖动行人类型到画布中，命名为 Pedstrain，直接单击完成。

2）绘制手提箱的职员形象：双击进入 Pedsrain 智能体，打开三维物体库，拖动职员形象，将其放置在（0，0）处；拖动手提箱 5 的形象到职员形象右手侧，如图 8.11 所示。

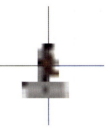

图 8.11　绘制手提箱的职员形象

3）创建变量：打开智能体库，拖动变量到画布中，并命名为 id，设置其类型为 int；创建 vis 变量，设置其类型为 boolean，并赋予初始值 true；创建 bag 变量，设置其类型为 boolean 型，并赋予初始值为 randomTrue（0.5），如图 8.12 所示。

a）创建 id 变量　　　　b）创建 vis 变量　　　　c）创建 bag 变量

图 8.12　行人智能体内创建变量

4）书写动态控制代码：单击设置手提箱。在其"可见"选项卡处输入代码：

```
vis&&bag
```

代表只有在人有行李且可见的时候才会显示，如图 8.13 所示。

5）创建行李智能体：回到 Main 智能体中，拖拽智能体进入画布中，出现选择创建智能体类型，按以下步骤依次选择：智能体群 – 创建新智能体类型 – 命名为 Bag– 选择动画"三维手提箱 5"– 不添加参数 – 创建初始为空的群 – 完成。

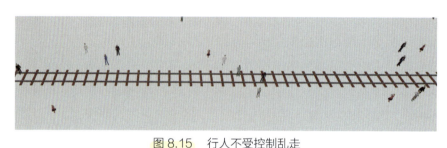

图 8.13　设置行李的可见为动态控制

6）创建行李 id：双击进入 Bag 智能体，创建 id 变量，并设置其类型为 int，如图 8.14 所示。

图 8.14　创建 id 变量

⚠注意：生成行人形象时，行人会在模型中不受控制乱走（图 8.15），在行人智能体中，把所有行人形象的 3D 模型都拖动到画布的中心点，使行人智能体和形象位置完全匹配。

图 8.15　行人不受控制乱走

8.4　添加售票与安检设施

8.4.1　创建安检、售票与检票智能体

1）创建智能体群：打开智能体面板，单击智能体并拖入画布中，出现选择创建智能体类型，按以下步骤依次选择：

智能体群 – 创建新智能体 – 命名为 ticketmachine– 选择动画"无"– 不添加参数 – 创建初始为空的群 – 完成。

此时已创建完成了命名为"售票机"的智能体群，但此时它还没有任何的功能，只是一个空白的智能体。重复以上步骤，依次创建 securitykceck、ticketcheck 作为安检智能体群和检票智能体群，如图 8.16 所示。

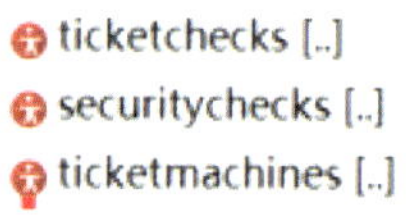

图 8.16　智能体群的建立

⚠注意：绘制动画帧时空指针异常（图 8.17），创建售票机等智能体时勾选"初始为空"或者在后续的设置中设置初始为空。

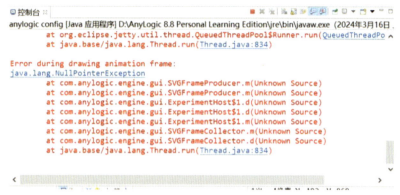

图 8.17　绘制动画帧时空指针异常

2）绘制购票和检票线服务：打开行人库，单击线服务插件并将其拖入画布中，命名为"services 购票 1"。单击查看属性，将服务数和队列数改写为 1，作为一条购票线服务。复制粘贴生成两条购票线服务，其名称会自动生成为"services 购票 2""services 购票 3"，将其放在适当位置排列整齐，如图 8.18 所示。

图 8.18　购票线服务

重复上述流程，生成 5 条线服务作为检票线服务，命名为 services 检票 1~5。

3）创建购票线服务集合：打开智能体库，单击集合并拖入画布中，将其命名为 collectionTicketmachine，元素类选择"其他……"并输入代码：ServiceWLine（线服务的类名），在初始内容处选中设置好的购票线服务，如图 8.19 所示。

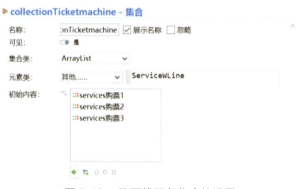

图 8.19　购票线服务集合的设置

同理，完成集合 collectionTicketcheck 的设置。

4）绘制安检线服务：建立安检的线服务集合时，其流程与购票、检票类似，但这里需要额外添加行人取包和放包过安检的功能，故建立的线服务类型更为复杂。

单击线服务插件，将其拖入画布中，并命名为"services 安检 1"。单击查看其属性，将服务数和队列数改写为 1，作为一条安检线服务。复制粘贴生成 1 条安检线服务，其名称会自动生成为"services 安检 2"，将其放在安检区域中排列整齐。

再次复制粘贴生成两条线服务，命名为"services 安检 11""services 安检 21"，这两条线服务作为安检前的放包服务，放置其与安检线服务首尾相连；同样，复制粘贴生成两条线服务，命名为"services 安检 12"，"services 安检 22"，这两条线服务作为安检后的取包服务，放置其与安检线服务尾首相连。设置完成后的安检线服务如图 8.20 所示。

⚠️注意：此处放包和取包线服务的命名是为了方便后续检索到其位置。

5）创建安检线服务集合：分别建立安检（Securitycheck）、放包（Put）、取包（Pick）集合，具体流程参考上述步骤 3）。完成后所有线服务集合如图 8.21 所示。

图 8.20　安检线服务　　　　　图 8.21　所有线服务集合

8.4.2　封装售票与检票智能体

双击 ticketmachine，进入该智能体内部，智能体封装的有关操作均在其内部完成，不再在 Main 智能体中完成。

1）添加售票机形象：打开三维物体面板，找到售票机形象，将其拖拽至画布中央。

2）封装售票智能体流程：打开流程建模库，单击 Enter 插件和 Exit 插件，将其分别拖入画布中；打开行人库，单击 PedService 插件，将其连接 Enter 插件和 Exit 插件，完成后的流程图如图 8.22 所示。

3）添加服务线参数：打开智能体库，单击参数插件，将其拖入画布中，并命名为 service。查看 service 属性，类型修改为"其他……"，并输入代码：

```
ServiceWLine<ServicePoint<QueuePath>>
```

作为存储每一个售票机服务线的位置，如图 8.23 所示。

图 8.22　封装售票智能体流程图　　　　图 8.23　service 参数设置

4）书写初始化函数：单击函数插件，将其拖入画布中，并命名为 ini，查看 ini 属性，在函数体中输入代码：

```
pedService.set_services(service);

double x=service.getServices().get(0).getX();
double y=service.getServices().get(0).getY();
double z=service.getServices().get(0).getZ();
setXYZ(x,y,z);

setRotation(service.getServices().get(0).getOrientation());
```

初始化函数设置如图 8.24 所示。

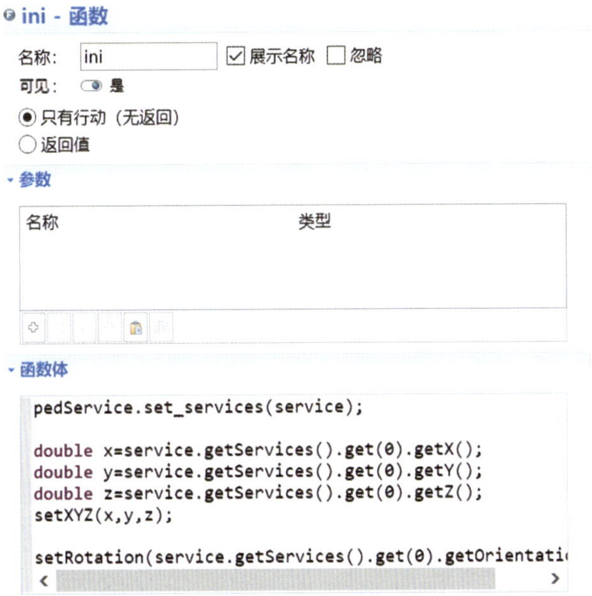

图 8.24　初始化函数设置

5）添加计数变量：单击变量插件，将其拖入画布中，并命名为 number，查看 number 属性，将其类型修改为 int。

6）记录购票人数：查看 pedService 属性，将服务添加为 service，在行动进入时输入代码：

```
number++;
```

在结束服务时输入代码：

```
number--;
```

pedService 参数设置如图 8.25 所示。

图 8.25 pedService 参数设置

7）设置行人进入智能体：单击查看 enter 属性，将智能体类型修改为 Pedestrian，如图 8.26 所示。

8）封装检票智能体：采用与封装售票智能体相同的步骤在 ticketcheck 中进行设置，这里的区别仅在于此处将三维物体的售票机修改为闸机。完成后如图 8.27 所示。

图 8.26　设置行人进入智能体　　图 8.27　封装检票智能体

8.4.3　封装安检智能体

1）添加安检三维形象：双击进入 securitycheck 智能体。打开三维物体面板，将金属探测器、X 射线扫描仪、职员和桌子分别拖入画布中央，如图 8.28 所示。

2）添加安检路径：打开流程建模库，双击路径进入绘图模式，连接金属探测器与桌子；双击矩形节点，绘制一个矩形区域框住桌子并设置其为不可见，如图 8.29 所示。

单击 path，设置其类型为输送带，调整 Z 轴高度为 8。如图 8.30 所示。

单击 node，设置其 Z 轴高度为 8。

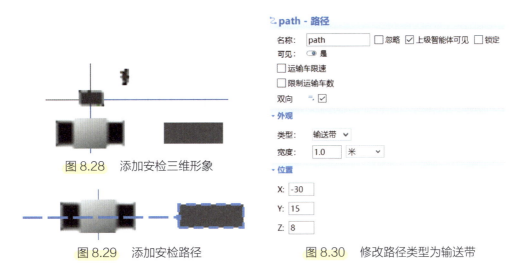

图 8.28　添加安检三维形象

图 8.29　添加安检路径　　　　图 8.30　修改路径类型为输送带

⚠注意：运行界面中不显示智能体形象，在对应智能体属性"高级"一栏中单击"展示演示"，如图 8.31 所示。

图 8.31　展示演示智能体形象

3）添加服务线参数：打开智能体库，拖动参数插件至画布中，命名为 service，在其"类型"选项卡处输入代码：

```
ServiceWLine<ServicePoint<QueuePath>>
```

代表参数类型为目标线，如图 8.32 所示。

同理，再次添加两个类型为目标线的参数分别命名为 servicePut、servicePick。

添加一个类型为 int 的变量，命名为 number。

图 8.32　添加参数 service

4）设置行人进入智能体：打开流程建模库，拖动 Enter 插件到画布中，将其作为智能体进入 securitycheck 的起始，设置其智能体类型为 Pedestrian，如图 8.33 所示。

图 8.33　设置行人进入智能体

5）添加放行李服务：打开行人库，拖动 PedService 插件连接至 enter 后，并命名为 pedService1。设置其服务为参数 servicePut，延迟时间为 0，并在"进入时"一栏输入代码：

```
number++;
```

代表计数，如图 8.34 所示。

图 8.34　设置放行李服务

6）判断行人是否携带行李：打开流程建模库，拖动 SelectOutput 插件连接至 pedService1 后，设置其输出条件为

```
agent.bag
```

代表判断行人是否携带行李，如图 8.35 所示。

图 8.35　判断行人是否携带行李

7）设置行人与行李分离：拖动 Split 插件连接至 selectOutput 右侧出口，经过此插件会产生副本。设置新智能体（副本）为 Bag，"在入口时"选项卡处输入代码：

```
agent.vis=false;
```

代表将行人的包隐藏掉。

"副本离开时"选项卡处输入代码：

```
agent.id=original.id;
```

代表将行人的编号赋给包，以保证以后行人可以找到自己的包。在高级一栏中将原件类型设置为 Pedestrian，副本类型为 Bag。设置完成后如图 8.36 所示。

图 8.36　添加新智能体（副本）Bag

设置行人与行李分离流程图如图 8.37 所示。

图 8.37　设置行人与行李分离流程图

8）设置行人过安检服务：打开行人库，拖动 PedService 插件连接至 split 后，并命名其为 pedService2，设置其服务为参数 service，并在"结束服务时"一栏输入代码：

```
number--;
```

代表计数，如图 8.38 所示。

将 selectOutput 下方出口连接至 pedService2 左侧入口，代表没有行李的行人可直接过安检，完成后的流程图如图 8.39 所示。

图 8.38　设置行人过安检服务

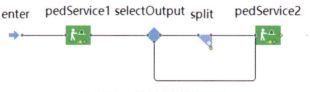

图 8.39　行人过安检流程图

9）设置行人寻找行李：打开流程建模库，拖动 SelectOutput 插件连接至 pedService2 右侧出口，命名为 selectOutput1，设置其输出条件为

```
agent.bag
```

代表判断行人是否携带行李。

打开行人库，拖动 PedService 插件连接至 selectOutput1 右侧出口，命名为 pedService3，设置其服务为参数 servicePick，延迟时间为 0，如图 8.40 所示。

图 8.40　行人寻找行李的位置

⚠️注意：此处延迟时间为 0 代表行人去找自己的行李，匹配过程在下一个流程体现，此插件只是为了确定位置，所以时间设置为 0。

10）设置行人匹配行李：打开流程建模库，拖动 Match 插件连接至 pedService3 右

侧。在"匹配条件"选项卡处输入代码:

```
agent1.id==agent2.id
```

代表行人的 id 和行李的 id 匹配,表示行人找到了自己的行李。

勾选最大容量(1)和最大容量(2),并且将智能体位置均设置为 node,即绘制好的矩形区域,如图 8.41 所示。

图 8.41　行人与行李匹配

拖动 Combine 插件连接至 match 右侧。选择得到的智能体为智能体 1,即行人类;选择智能体结合位置为 node 矩形区域。在"离开时"选项卡处输入代码:

```
agent.vis=true;
```

代表离开后有行李的人的行李变为可见。

在高级处选择智能体类型(输出)为 Pedestrian,如图 8.42 所示。

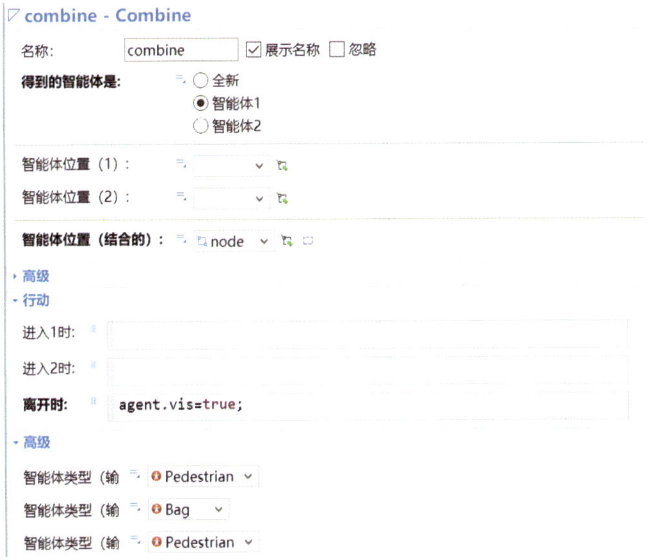

图 8.42　产生携带行李的行人

行人匹配行李流程图如图 8.43 所示。

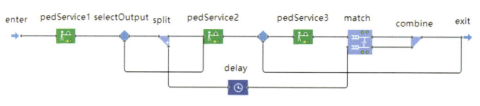

图 8.43　行人匹配行李流程图

11）设置行李过安检：拖动 Exit 插件连接至 combine 右侧，将其作为整个流程的结束，并将 selectOutput1 下方出口连接至 Exit，表示没有携带行李的行人直接结束安检。

拖动 Delay 插件连接至 split 的下方出口和 match 左侧入口之间，表示行李过安检的环节。设置其延迟时间为 4 秒，勾选最大容量并设置智能体位置为 path，如图 8.44 所示。

图 8.44　行李过安检

设置完成后 securitycheck 完整流程图如图 8.45 所示。

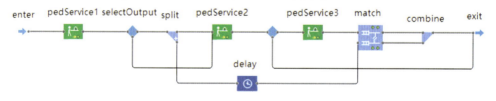

图 8.45　securitycheck 完整流程图

12）初始化坐标和方向：打开智能体库，拖动函数插件到画布中，命名为 ini，在"函数体"选项卡处输入代码：

```
// 设置 pedService 插件内的线服务
pedService2.set_services(service);
pedService1.set_services(servicePut);
pedService3.set_services(servicePick);
// 获取线服务的坐标
```

```
double x=service.getServices().get(0).getX();
double y=service.getServices().get(0).getY();
double z=service.getServices().get(0).getZ();
// 设置智能体的位置
PointNode pn=new PointNode(getOwner(),SHAPE_DRAW_2D,true,x,y,z);
setLocation(pn);
// 设置智能体的旋转角度
setRotation(service.getServices().get(0).getOrientation());
```

初始化函数设置如图 8.46 所示。

图 8.46 初始化函数设置

8.4.4 初始化智能体

1）初始化售票智能体（图 8.47）：回到 Main 智能体中，拖动函数插件到画布中，命名为 iniTicketmachine。在其"函数体"选项卡处输入代码：

```
//for 循环集合内有几条线服务就产生几个智能体
for(ServiceWLine sl:collectionTicketmachine)
{
// 添加一个 ticketMachine 智能体
ticketmachine tm=add_ticketmachines(sl);
// 将集合内的线服务赋值给 ticketMachine 内的 service 参数
tm.service=sl;
// 调用 ticketMachine 的 ini() 函数
tm.ini();
}
```

图 8.47　初始化售票智能体

2）初始化检票智能体（图 8.48）：拖动函数插件到画布中，命名为 iniTicketcheck。在其"函数体"选项卡处输入代码：

```
for(ServiceWLine sl:collectionTicketcheck)
{
ticketcheck tc=add_ticketchecks(sl);
tc.service=sl;
tc.ini();
}
```

图 8.48　初始化检票智能体

3）初始化安检智能体（图 8.49）：拖动函数插件到画布中，命名为 iniSecuritycheck。在其"函数体"选项卡处输入代码：

图 8.49　初始化安检智能体

```
//for 循环集合内有几条线服务就产生几个智能体
for (ServiceWLine sl:collectionSecuritycheck)
{
// 根据名字获取相对应的放包的服务线
ServiceWLine sl1=filter(collectionPut,s->s.getName().equals(sl.getName()+"1")).get(0);
// 根据名字获取相对应的取包的服务线
ServiceWLine sl2=filter(collectionPick,s->s.getName().equals(sl.getName()+"2")).get(0);
// 添加一个 securitycheck 智能体
securitycheck sc=add_securitychecks(sl,sl1,sl2);
// 赋值
sc.service=sl;
sc.servicePut=sl1;
sc.servicePick=sl2;
// 调用 SecurityCheck 的 ini() 函数
sc.ini();
}
```

4）调用初始化函数：单击 Main 智能体空白处，在"启动时"选项卡处输入代码：

```
iniTicketmachine();
iniTicketcheck();
iniSecuritycheck();
```

代表调用三个初始化函数，如图 8.50 所示。

图 8.50　调用初始化函数

8.4.5　定义寻找队列函数

1）书写距离最短判定函数：拖动函数插件到画布中，命名为 findTicketmachine。设置其返回值类型为 ticketmachine，并在其"函数体"选项卡处输入代码：

```
// 找到最小的售票机队列
ticketmachine tm=ticketmachines.stream().reduce((s1,s2)->
s1.number<s2.number?s1:s2).get();
// 返回找到最小的售票机队列
return tm;
```

寻找最小的售票机队列如图 8.51 所示。

图 8.51　寻找最小的售票机队列

2）拖动函数插件到画布中，命名为 findSecuritycheck。设置其返回值类型为 securitycheck，并在其"函数体"选项卡处输入代码：

```
// 找到最小的安检通道队列
securitycheck sc=securitychecks.stream()
.reduce((s1, s2) -> s1.number < s2.number ? s1 : s2)
.get();
// 返回找到的最小的安检通道队列
return sc;
```

寻找最小的安检通道队列如图 8.52 所示。

图 8.52　寻找最小的安检通道队列

3）拖动函数插件到画布中，命名为 findTicketcheck。设置其返回值类型为 ticketcheck，并在其"函数体"选项卡处输入代码：

```
// 找到最小的检票队列
ticketcheck tc=ticketchecks.stream()
.reduce((s1, s2) -> s1.number < s2.number ? s1 : s2)
.get();
// 返回找到的最小的检票队列
return tc;
```

寻找最小的检票队列如图 8.53 所示。

图 8.53　寻找最小的检票队列

⚠注意：调用时可能出现多种错误（图 8.54），注意函数中对于集合和智能体调用时的拼写问题，重点注意字母大小写等。

图 8.54　调用时可能出现多种错误

8.5 定义行人进站流程

8.5.1 定义双层布局下的行人下楼梯流程

1）设置行人产生：打开行人库，拖动 PedSource 插件到画布中。设置其目标线为 targetLineIn，设置其行人类型为 Pedestrian，在其"离开时"选项卡处输入代码：

```
ped.id=(int)self.countPeds();
```

代表将产生行人的数量赋值给行人的 id，使其成为每个人唯一的标识，如图 8.55 所示。

图 8.55 设置行人产生

2）设置行人选择扶梯与楼梯概率：打开流程建模库，拖动 SelectOutput 插件连接至 pedSource 右侧，并指定其概率为 0.7，如图 8.56 所示。

图 8.56 设置行人选择扶梯与楼梯概率

3）设置行人走扶梯下行：打开行人库，拖动 PedEscalator 插件连接至 selectOutput1 右侧出口，设置其扶梯为 escalatorGroup，方向为下行，如图 8.57 所示。

4）设置行人走楼梯：拖动 PedChangeLevel 插件连接至 selectOutput1 下方出口，设置其当前层离开线为 targetline1，新层进入线为 targetline2，如图 8.58 所示。

完成后的行人上下楼层流程图如图 8.59 所示。

图 8.57 设置行人走扶梯下行

图 8.58　设置行人走楼梯　　　　图 8.59　行人上下楼层流程图

⚠ **注意**：①行人上下楼梯穿模问题（图 8.60），设置楼梯和扶梯时也可以不用刻意调整角度，可以通过调整指导线，即调整高度来完善模型，如图 8.61 所示，这样就不会出现穿模问题，行人可以很好地从楼梯和扶梯下楼；②行人无法到达目标（图 8.62），对于需要 ChangeLevel 的两条目标线，注意两条位于不同层。

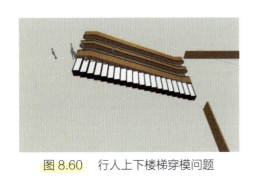

图 8.60　行人上下楼梯穿模问题　　　图 8.61　定义斜坡为指导线

图 8.62　行人无法到达目标

8.5.2　定义限流路线

1）绘制行人进站路径：双击路径，在画布中画一条带有多个转弯的路径并命名为 path，设置其为不可见。这条路径作为人流密度大限流的通道，完成后如图 8.63 所示。

2）定义行人进站流程：打开流程建模库，拖动 SelectOutput 插件连接至 pedEscalator 和 pedChangeLevel 后；拖动 PedGoTo 插件，将其连接至 SelectOutput 插件右侧出口处并命名为 pedGoTo，模式选择为跟随路线 path；拖动 Exit 插件连接至 pedGoTo 右侧（设置限流时，人流走限流通道）。

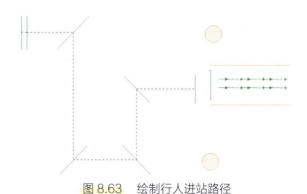

图 8.63 绘制行人进站路径

双击 selectOutput 下方出口,将其连接至 exit 处(不限流时,人流自由行走至安检区域)。

行人进站流程图如图 8.64 所示。

图 8.64 行人进站流程图

3)添加限流变量:单击打开智能体库,单击变量插件,将其拖入画布中并命名为"是否启动限流"。单击查看变量属性,将类型改为 boolean,初始值设为 false,如图 8.65a 所示。

单击 selectOutput 查看其属性,选择"如果条件为真",条件设定为"是否启动限流",如图 8.65b 所示。

a)变量属性设置　　　　b)条件输出设置

图 8.65 限流变量设置

4)添加启动限流标签:单击打开控件库,单击复选框插件,将其拖入画布中,将标签改为"启动限流"。在行动一栏中输入以下代码:

```
if(self.isSelected()){
是否启动限流 =true;
}else{
是否启动限流 =false;
}
```

上述代码含义为：当复选框被选中时，变量"是否启动限流"条件变为 true，此时行人从 selectOutput 右侧出口离开，即走限流路径；当复选框未被选中时，变量"是否启动限流"值不变（即 false），此时行人从 selectOutput 下方出口离开，即自由行走。

启动限流标签设置如图 8.66 所示。

图 8.66　启动限流标签设置

8.5.3　定义行人任务

1）设置行人离开主智能体：单击 exit，在"离开时"选项卡处输入代码：

```
findSecuritycheck().enter.take(agent);
```

表示离开后去往队列最短的安检通道排队安检，如图 8.67 所示。

2）设置行人离开安检智能体：双击进入 securitycheck 智能体，单击 exit，在"离开时"选项卡处输入代码：

```
main.findTicketmachine().enter.take(agent);
```

表示离开后去往队列最短的售票机排队购票，如图 8.68 所示。

图 8.67　设置行人离开主智能体　　　图 8.68　设置行人离开安检智能体

3）设置行人离开售票智能体：双击进入 ticketmachine 智能体，单击 exit，在"离开时"选项卡处输入代码：

```
main.findTicketcheck().enter.take(agent);
```

表示离开后去往队列最短的检票口排队检票，如图 8.69 所示。

图 8.69　设置行人离开售票智能体

4）设置行人离开检票智能体：双击进入 ticketcheck 智能体，单击 exit，在"离开时"选项卡处输入代码：

```
main.enter.take(agent);
```

表示离开后去往站台，如图 8.70 所示。

5）设置行人回到 Main 智能体：回到 Main 智能体，打开流程建模库，拖动 Enter 插件到画布中，设置其智能体类型为 Pedestrian，如图 8.71 所示。

图 8.70　设置行人离开检票智能体　　图 8.71　设置行人回到 Main 智能体

6）运行模型，查看进站大厅状态：双击矩形节点，在站台处绘制一片区域作为等候地铁的区域，如图 8.72 所示。

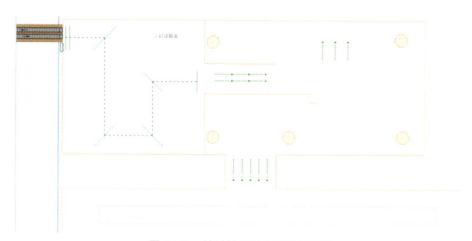

图 8.72　地铁站进站大厅完整布局

打开行人库，拖动 pedGoTo 插件连接至 enter 右侧，并设置其到达目标为绘制好的 node 区域；拖动 PedSink 插件连接至 pedGoTo1 右侧。行人前往站台候车如图 8.73 所示。

图 8.73　行人前往站台候车

至此，行人进站流程已全部完成，下面开始建立行人上下地铁的流程。

运行模型,观察扶梯、安检、售票、检票环节是否正确,如图 8.74 所示。

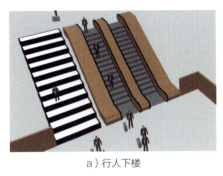
a)行人下楼

b)行人过安检

c)行人购票

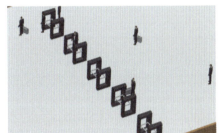
d)行人检票

图 8.74　进站大厅功能一览

⚠**注意**:由于安检的封装模式,可能会出现三维动画与安检服务线长度不匹配的情况,自行调整即可。

勾选启动限流,观察限流前后行人的运动状态,如图 8.75 所示。

a)行人无序移动(启动限流前)

b)行人有序移动(启动限流后)

图 8.75　启动限流前后行人运动状态对比

8.6　定义地铁进站流程

1)绘制轨道:打开轨道库,双击轨道进入绘制模式。在站台下方绘制一条尽可能长的轨道作为地铁行驶路线。

单击轨道上的位置,在绘制好的轨道上插入三个位置,从左至右分别命名为 pointOnTrackSource、pointOnTrackIn、pointOnTrackEnd,如图 8.76 所示。

图 8.76 绘制轨道

⚠️注意：每个轨道上的位置前方以及两个轨道的位置之间都要留出足够大的长度，否则会报错。

2）设置地铁产生：拖动 TrainSource 插件到画布中，设置其间隔时间为 5 分钟，车厢数量为 6，并选择轨道上的位置为 pointOnTrackSource，在其"车厢长度"一栏输入代码：

```
carindex==0?7:14
```

代表将第一节车厢（车头）长度设置为 7 米，其余（车厢）为 14 米，如图 8.77 所示。

图 8.77 设置地铁产生

3）定义地铁进站流程：拖动 TrainMoveTo 插件，连接至 trainSource 右侧，命名为 trainMoveTo，设置其在轨道上的位置为 pointOnTrackIn；打开流程建模库，拖动 Delay 插件，连接至 trainMoveTo 右侧，设置其延迟时间为 2 分钟；打开轨道库，再次拖动 TrainMoveTo 插件，连接至 delay 右侧，命名为 trainMoveTo1，设置其在轨道上的位置为 pointOnTrackEnd；最后拖动 TrainDispose 插件，连接至 trainMoveTo1 右侧，命名为 trainDispose，如图 8.78 所示。

图 8.78　定义地铁进站流程

8.7　封装地铁站台

1）绘制车厢对应的线服务：打开行人库，绘制一条目标线对应一节车厢的位置；拖动线服务到目标线上方并将线服务设置为两条，作为每一节车厢的两条等待队列，如图 8.79 所示。

框选住绘制好的目标线和线服务，然后复制粘贴获得五组候车线，分别对应五个车厢。运行模型，自行调整目标线和车厢的对应位置，调整完毕后如图 8.80 所示。

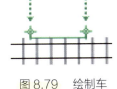

图 8.79　绘制车厢对应的线服务

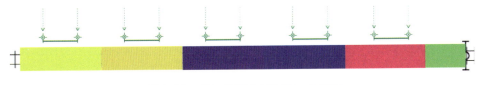

图 8.80　每一组候车线对应一个车厢

2）创建站台智能体：打开智能体库，单击智能体并拖入画布中，出现选择创建智能体类型，按以下步骤依次选择：智能体群 – 创建新智能体 – 命名为 Gate– 选择动画"无" – 不添加参数 – 创建初始为空的群 – 完成。

3）添加参数：双击进入 Gate 智能体，拖动参数插件到画布中，并命名为 service，设置其类型为

```
ServiceWLine<ServicePoint<QueuePath>>
```

代表线服务类型。

添加线服务参数如图 8.81 所示。

图 8.81　添加线服务参数

拖动参数插件到画布中，并命名为 line，设置其类型为

```
TargetLine
```

代表目标线类型。

添加目标线参数如图 8.82 所示。

图 8.82　添加目标线参数

4）定义行人下地铁流程：打开智能体库，拖动 PedSource 插件到画布中，设置其目标线为 line，到达根据为 inject() 函数调用，并设置其行人类型为 Pedestrian，如图 8.83 所示。

打开流程建模库，拖动 Exit 插件，连接至 pedSource 右侧，行人下地铁流程如图 8.84 所示。

图 8.83　设置行人从地铁出现　　　图 8.84　行人下地铁流程

5）定义行人上地铁流程：拖动 Enter 插件到画布中，命名为 enter，设置智能体类型为 Pedestrian；打开行人库，拖动 PedService 插件连接至 enter 右侧，在其"服务"选项卡处输入代码：

```
service
```

代表服务类型为 service 参数；在其"延迟时间"选项卡处输入代码：

```
infinity
```

代表行人上地铁是用代码控制其从插件下方的端口离开，所以延迟时间为无限长。

设置行人上地铁服务如图 8.85 所示。

拖动 PedSink 插件，连接至 pedservice 右侧出口和下方出口，命名为 pedSink，如图 8.86 所示。

图 8.85　设置行人上地铁服务　　　　图 8.86　行人上地铁流程

6）记录上地铁人数：打开智能体库，拖动变量插件到画布中并命名为 num，设置其类型为 int 整数型。在 pedService 行动中设置"进入时"：

```
num++;
```

"取消时"：

```
num--;
```

7）书写函数：拖动函数插件到画布中并命名为 ini。在其"函数体"选项卡处输入代码：

```
pedService.set_services(service);
```

书写初始化函数如图 8.87 所示。

拖动函数插件到画布中并命名为 free。在其"函数体"选项卡处输入代码：

```
pedSource.inject(uniform_discr(6,10));
pedService.cancelAll();
```

书写行人上下地铁函数如图 8.88 所示。

图 8.87　书写初始化函数　　　　图 8.88　书写行人上下地铁函数

8）设置行人在指定等待线等待：回到 Main 智能体中，拖动两个集合到画布中，分别命名为 collectionService 和 collectionTarget。

collectionService 的元素类选择"其他……"–"ServiceWLine",并将所有等待地铁的线服务添加至该类中,如图 8.89 所示。

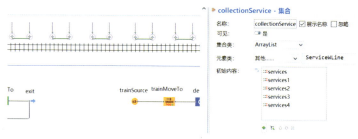

图 8.89　添加行人等待线服务

collectionTarget 的元素类选择"其他……"–"TargetLine",并将所有对应地铁车厢的等待线添加至该类中,如图 8.90 所示。

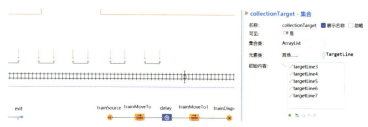

图 8.90　添加对应地铁车厢的等待线

⚠ **注意**：添加线服务和目标线的加入集合的顺序一定要一致,保证线服务和目标线一一对应。

9）书写封装站台函数：拖动函数插件到画布中,命名为 iniGate,在"函数体"一栏输入代码：

```
// 集合里有多少个元素生成多少个
for (int i=0; i <collectionService.size(); i++)
{
    // 将集合里的线服务赋值给 Gate 的 Service
    ServiceWLine sl=collectionService.get(i);
    // 将集合里的目标线赋值给 Gate 的 target
    TargetLine tl=collectionTarget.get(i);
    // 添加一个站台
    Gate g=add_gates(sl,tl);
    g.service=sl;
    g.line=tl;
    // 调用 Gate 的初始化函数
    g.ini();
}
```

书写封装站台函数如图 8.91 所示。

图 8.91 书写封装站台函数

在 Main 智能体启动时调用 iniGate 函数，即

```
iniGate();
```

8.8 定义行人上下地铁流程

1）设置行人上地铁：单击列车流程中的 delay，在"进入时"一栏输入代码：

```
gates.forEach(g->g.free());
```

代表使站台等待的人上地铁，如图 8.92 所示。

图 8.92 设置行人上地铁

2）书写行人寻找站台函数（图 8.93）：打开智能体库，拖动函数插件到画布中，设置其返回值为 Gate，参数类型为 Pedestrian，并在"函数体"一栏中输入代码：

```
// 找到排队人数最少的中离自己最近的站台
int i=1;
List<Gate> list=gates.findAll(g -> g.num < 1);
while (list.isEmpty())
{
i++;
int y=i;
list=gates.findAll(g -> g.num < y);
}
return list.stream().reduce((a,
b) -> p.distanceTo(a.line.getX(), a.line.getY()) < p
.distanceTo(b.line.getX(), b.line.getY())? a: b).get();
```

图 8.93　书写行人寻找站台函数

3）定义行人出站流程：删除图 8.73 中的流程和站台等待的矩形区域，对站台等待流程重新封装。

拖动 Enter 插件到画布中，设置其智能体类型为 Pedestrian，如图 8.94 所示。

对照 8.5.1 节，重复连接行人上扶梯以及楼梯的流程，完成行人出站流程图，如图 8.95 所示。

⚠️注意：由于出站方向与进站方向相反，应注意设置扶梯与楼梯时的行人前进方向。

图 8.94　重新定义进入 Main 智能体的行人　　图 8.95　定义行人出站流程图

4）设置行人离开检票智能体（图 8.96）：双击进入 ticketcheck 智能体，单击 exit，在"离开时"选项卡处修改代码：

```
main.findGate(agent).enter.take(agent);
```

表示离开后前往站台等待。

5）设置行人离开站台智能体（图 8.97）：双击进入 Gate 智能体，单击 exit，在"离开时"选项卡处修改代码：

```
main.enter.take(agent);
```

表示离开站台后前往 Main 智能体中出站。

图 8.96　设置行人离开检票智能体　　图 8.97　设置行人离开站台智能体

至此，模型建立完毕，运行查看行人上地铁以及下地铁离站的状态。图 8.98a 所示为行人等候上地铁，图 8.98b 所示为行人离开地铁，图 8.98c 所示为行人离站。

a）行人等候上地铁

b）行人离开地铁

图 8.98　行人离站功能一览

c）行人离站

图 8.98　行人离站功能一览（续）

后续界面的封装，如导航菜单的制作，不同位置摄像机的固定就不再一一赘述，可以参考 6.5 节"添加三维效果展示"以及 7.5 节"添加三维效果展示"中的详细讲解。

课后习题

1）在本模型的基础上，放置多个不同位置的摄像机，完成对导航界面的封装。

2）在入口处和地铁处设置随机产生不同类型的行人。

3）获取某一行人的运动轨迹并导出为 Excel 格式。

第 9 章 AnyLogic 与其他软件的交互与连接

本章详细介绍在 AnyLogic 中调用 MATLAB、连接 Oracle 数据库、导入 DAE 模型、导入 CAD 模型的具体方法。

9.1 AnyLogic–MATLAB 交互

AnyLogic 调用 MATLAB 主要有两种方式：

1）在 MATLAB 中编辑命令并导出 jar，在 AnyLogic 中调用。这种方式的普通函数可以正常运行，但涉及绘图等函数会报错。

2）通过 MATLAB 的 Engine API，在 AnyLogic 中编辑所有命令和代码。采用这种方式测试过的函数都可正常运行，但需要配置环境。

9.1.1 Engine API 方式连接

（1）安装和激活 MATLAB

在 Windows 10 x64、MATLABR2018b、AnyLogic 7、JRE 8（或 JRE 11）的环境下测试。

1）安装 MATLAB。

2）检查计算机的 Java 环境，确保安装 JDK 和 JRE。

3）查看 MATLAB 的 Java 版本，MATLAB 的 Java 版本和计算机的 Java 版本要尽量一致。

（2）导入 jar 包

导入 engine.jar 到模型，如图 9.1 所示。

模型将会用到 MATLAB 的 EngineAPI、EngineGUIDemo.java 和 EngineConsoleDemo.java，路径为 C:\Program Files\MATLAB\R2018b\extern\examples\engines\java。

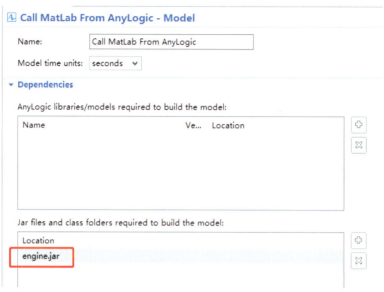

图 9.1　导入 engine.jar 到模型

MATLAB 的 Java API 示例参考以下网站：https://www.mathworks.com/help/matlab/matlab_external/java-example-source-code.html。

这个 API 涉及的 engine.jar 路径为 C:\Program Files\MATLAB\R2018b\extern\engines\java\jar。

（3）配置环境变量

在计算机桌面空白处右键单击选择：属性 – 高级系统设置 – 高级 – 环境变量，在 Path 里添加：C:\Program Files\MATLAB\R2018b\bin\win64。

Windows 系统使用 win+R 打开 cmd，输入：java -XshowSettings:properties –version。确认 java.library.path 下包含 C:\Program Files\MATLAB\R2018b\bin\win64。

⚠注意：配置环境变量时，如果开启了 AnyLogic，需要在配置完成后重启 AnyLogic。

（4）相关函数解释

1）MATLAB Engine API 介绍。示例可参考官网：https://www.mathworks.cn/help/matlab/matlab_external/get-started-with-matlab-engine-api-for-java.html 和 https://www.mathworks.cn/help/matlab/matlab-engine-api-for-java.html?s_tid=CRUX_lftnav。

2）Java future 模式介绍。示例可参考网址：https://blog.csdn.net/qq_37598011/article/details/81952267。

3）函数 eval(String) 的用法：可以把字符串当作命令来执行。

在 Java 中调用 eval 方法，把 MATLAB 的命令写成字符串的形式，这样就可以直接执行 MATLAB 的命令了。示例可参考网址：https://blog.csdn.net/qq_38412868/article/details/79185883。

9.1.2　Jar 包方式连接

（1）安装 MATLAB 和配置环境

1）安装 MATLAB。

2）检查计算机的 Java 环境，确保安装 JDK 和 JRE。

3）查看 MATLAB 的 Java 版本，MATLAB 的 Java 版本和计算机的 Java 版本要尽量一致。

（2）在 MATLAB 中创建 .m 文件

1）打开 MATLAB，单击击新建 - 脚本，或使用 Ctrl+N 快捷键。

2）在编辑框中输入如下代码（调用 MATLAB 的 cart2pol 函数，如图 9.2 所示，将直角坐标 (x,y) 转换为极坐标 (THETA,RHO)，THETA 表示极角，RHO 表示极径）：

```
function [THETA,RHO]=coordinateShift ( x, y)
[THETA,RHO]=cart2pol(x,y);
```

图 9.2　调用 MATLAB 的 cart2pol 函数

3）保存在一个不含中文的文件夹中（文件夹中含中文，在导出 jar 包时可能会有错误）。

（3）导出 jar 包

1）单击 APP。

2）在下拉框中选择 Library Compiler，如图 9.3 所示，或者命令行输入 deploytool 并回车，选择 Library Compiler，如图 9.4 所示。

图 9.3　选择 Library Compiler 1

图 9.4　选择 Library Compiler 2

3）选择 Java Package，如图 9.5 所示。

4）添加刚刚保存的 .m 文件，可以在此位置更改类名，如图 9.6 所示。

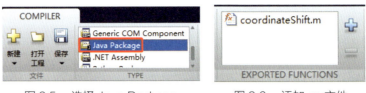

图 9.5　选择 Java Package　　　图 9.6　添加 .m 文件

5）单击 Package，如图 9.7 所示。

6）打包，如图 9.8 所示。

图 9.7　单击 Package　　　图 9.8　打包

（4）在 AnyLogic 中使用

1）打开 AnyLogic，新建模型。

2）单击模型属性，导入刚刚的 jar 包。单击"➕"，单击浏览；进入 jar 包所在文件夹，选择第二个文件夹，如图 9.9 所示。选择 .jar 文件，如图 9.10 所示。

图 9.9　导入 jar 包　　　图 9.10　选择 .jar 文件

3）此外还需导入 javabuilder 中的 jar 包，在 MATLAB 所在的文件夹中，步骤同上，如图 9.11 所示。

路径与下面类似：

C:\Program Files\MATLAB\R2018b\toolbox\javabuilder\jar。

导入完成，如图 9.12 所示。

图 9.11　导入 javabuilder.jar 包　　　图 9.12　导入完成

4）在模型中添加代码：

```
try{Class1 cs=new Class1();
traceln(cs.coordinateShift(2,1.0,1.0));}
catch(MWException e){}
```

对代码进行说明：Class1 为导出 jar 包时的可修改的类名；coordinateShift 函数中，格式为"输出个数，参数，"例如，"2"表示有两个输出，"1.0,1.0"为参数，1.0 要加小数点变成 double 类型，int 类型会报错；要用 try 和 catch 抛出异常，然后捕获异常，否则会报错，如图 9.13 所示。

5）运行模型，输出结果如图 9.14 所示。

图 9.13　调用 try 函数和 catch 函数捕获异常　　　图 9.14　输出结果

6）该点坐标为（1,1），极角是 π/4，即 3.1415/4=0.7854，极轴为 $\sqrt{2}$，即 1.4142，调用函数成功。

9.2　AnyLogic-Oracle 连接教程

⚠ **注意**：仅有 AnyLogic 专业版可进行 Oracle 数据库连接。

1）导入 jar 包：打开 AnyLogic，新建模型"数据库连接"。

单击模型属性，导入 ojdbc8.jar 包，如图 9.15 所示。

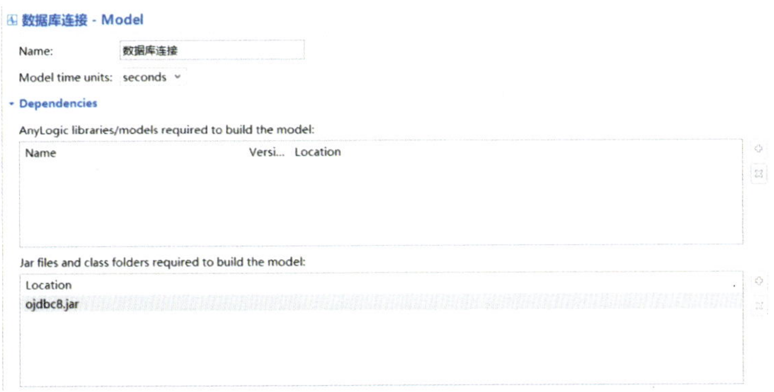

图 9.15　导入 ojdbc8.jar 包

2）导入对应库：单击空白画布进入 Main 智能体，在高级 Java 选项卡处导入库：

```
import com.AnyLogic.engine.connectivity.Database;
import com.querydsl.core.Tuple;
import java.sql.*;
```

导入 Oracle 库如图 9.16 所示。

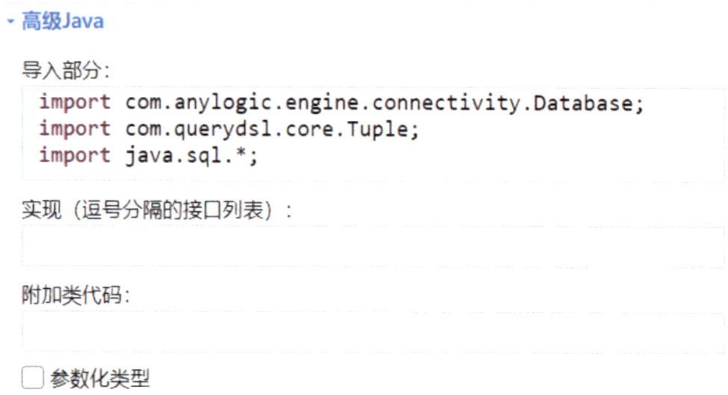

图 9.16　导入 Oracle 库

3）输入信息：打开连接面板，拖动数据库插件到画布中，输入驱动程序（JDBC driver）、连接（Connection URL）、用户名（Login）和密码（Password），如图 9.17 所示。

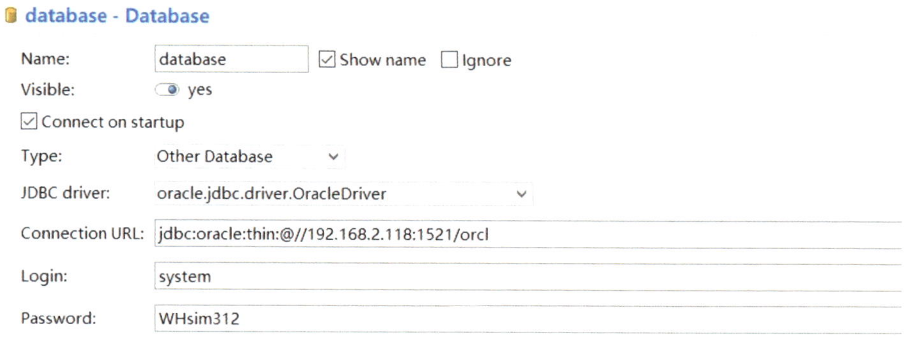

图 9.17　输入信息

4）输入 sql 语句（图 9.18）：打开控件面板，拖动按钮插件到画布中，在"行动"选项卡处输入 sql 语句：

```
ResultSet rs=database.getResultSet("select * from SIM_IN_PLANIN");
while( rs.next()){
String name=rs.getString("PI_PLANIN_ID");
traceln(name+"---");
}
rs.close();
```

第 9 章　AnyLogic 与其他软件的交互与连接

图 9.18　输入 sql 语句

5）模型运行结果：运行模型，连接数据库成功，如图 9.19 所示。

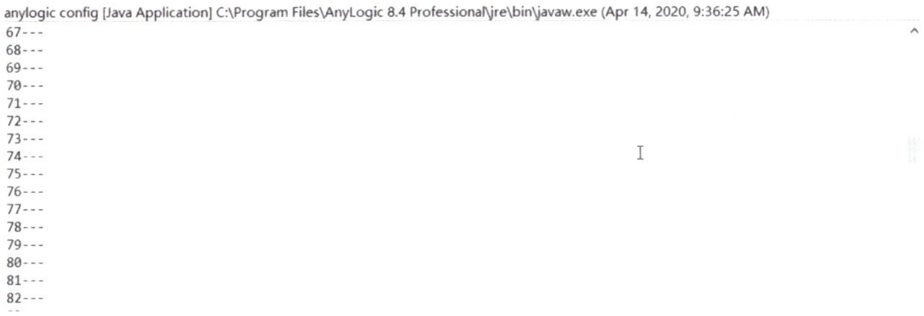

图 9.19　连接数据库成功

9.3　AnyLogic-DAE 导入教程

1）导出 DAE 模型：打开 SketchUp 软件，选定已经下载完成的模型，进行三维模型导出，如图 9.20 所示。

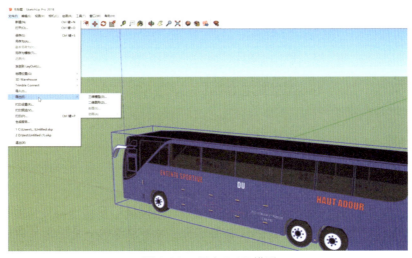

图 9.20　导出 DAE 模型

157

2）导入 DAE 模型：打开 AnyLogic，新建模型。打开演示面板，拖动三维物体和三维窗口到画布中，单击三维物体查看属性，在文件选项卡处选择导出的 DAE 文件，如图 9.21 所示。

图 9.21　导入 DAE 模型

3）模型运行结果：运行模型，在三维窗口查看导入的 DAE 模型，如图 9.22 所示。

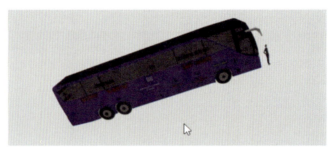

图 9.22　导入 DAE 模型

9.4　AnyLogic-CAD 导入教程

⚠注意：仅有 AnyLogic 专业版可进行 CAD 图导入。

1）删除不必要的图层：打开 CAD 软件，将绘制好的 CAD 图进行处理，即删除不必要的图层，如图 9.23 所示。

图 9.23　删除不必要的图层

2）标注 CAD 图：在 CAD 图中绘制出长度为 10 米的直线，以便导出到 AnyLogic 中，与其比例尺相匹配；在 CAD 图中标注出中心点，以便导出到 AnyLogic 中与其原点相匹配。

3）保存为 DWG 文件：将处理好的 CAD 图保存为 DWG 文件格式，如图 9.24 所示。

图 9.24　保存为 DWG 文件

4）导入 DWG 文件：打开 AnyLogic 软件，新建模型。打开演示面板，拖动 CAD 图插件到画布中，单击 CAD 图查看属性，在文件选项卡处选择导出的 .dwg 文件，如图 9.25 所示。

图 9.25　导入 DWG 文件

5）匹配比例尺：将填充颜色修改为"无填充"，并将绘制好的 10 米长的直线与 AnyLogic 中的比例尺相匹配，如图 9.26 所示。

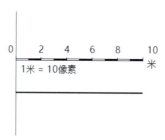

图 9.26　匹配比例尺

6）锁定图片位置：将绘制好的图片中心点放置在画布原点，并将图片锁定，如图 9.27 所示。

图 9.27　锁定图片位置

7）AnyLogic 建模：经步骤 1）~ 7），实现了 CAD 图的导入，后续在底图上如何绘制墙体、服务线等操作在 5.2 节"绘制广场布局"中已做出详细讲解，在此不再赘述。

课后习题

1）在 MATLAB 中书写一个与专业相关的函数并导入到 AnyLogic 中。

2）在 SketchUp 或其他软件中绘制三维模型并导入到 AnyLogic 中。

第 10 章　AnyLogic 与行人模拟器连接

本章重点介绍行人模拟器与 AnyLogic 联合仿真的基本方法，具体介绍了行人模拟器、UDP 数据传输、行人行走控制和 AnyLogic-VR 连接。

10.1　行人模拟器

行人模拟器能提供一种可重复、安全且相对低成本的方法来评估城市环境中行人的行为，保证行人与驾驶人等其他道路使用者在虚拟场景中高效互动。行人模拟器可提供用于自动驾驶深度学习及改善自动驾驶对行人和骑行者轨迹预测的大量数据。

行人模拟器主要由佩戴于双腿和腰间的三个传感器组成，每个传感器由电源、微处理器、六轴传感器和通信模块组成。底座设计成弧形以保证传感器与使用者的腿保持平行，并于左右侧开了方形切口，便于用魔术贴将其安装在大腿上；底座上部分为用尼龙材料进行 3D 打印制作的外盒，外盒的内部利用内槽固定主芯片、六轴传感器以及通信模块，并于表面开小孔，以便电池输出线和电量板的外置。行人模拟器示意图如图 10.1 所示。

图 10.1　行人模拟器示意图

10.2　UDP 数据传输

1）创建变量接收数据：创建新模型，命名为 test。

打开智能体面板，拖动变量插件到画布中，命名为 speed1，设置其类型为 double，初始值为 90，如图 10.2a 所示；拖动变量插件到画布中，命名为 speed2，设置其类型为 double，初始值为 90；最后拖动变量插件到画布中，命名为 direct，设置其类型为

double，初始值为 0，如图 10.2b 所示。

⚠️ **注意**：此处 speed1 负责保存左腿传感器的速度数据，speed2 负责保存右腿传感器的速度数据，direct 负责保存腰部传感器的转角数据，设置该初始值表示当模型运行时，主行人将保持静止状态。

a）速度变量　　　　　　　　　　　　b）转角变量

图 10.2　变量设置

2）创建线程智能体：拖动智能体插件到画布中，出现选择创建智能体类型，按以下步骤依次选择：仅智能体类型 – 创建新智能体 – 命名为 UdpSer– 选择动画"无" – 不添加参数 – 完成。

3）添加端口号参数：双击进入 UdpSer 智能体，拖动参数插件到画布中，命名为 port。设置其类型为 int，默认值为 15000，如图 10.3 所示。该参数表示端口号，每一个端口号对应一个传感器，负责接收数据。

4）书写 run 函数：拖动函数插件到画布中，命名为 run。在函数体一栏处输入代码：

```
receive();
```

该代码表示开始时调用 receive 函数进行数据接收，如图 10.4 所示。

图 10.3　端口号参数设置　　　　　图 10.4　书写 run 函数

5）书写 receive 函数：再次拖动函数插件到画布中，命名为 receive。在函数体一栏处输入代码：

```
try{
    DatagramSocket socket=new DatagramSocket(port);
    byte[] recStr=new byte[1024];
    DatagramPacket p=new DatagramPacket(recStr, recStr.length);
    while(true){
        socket.receive(p);
```

```
            String content=new String(p.getData(), 0, p.getLength());
            double message=Double.parseDouble(content);
            //traceln(content);
            switch (port){
                case 15000:
                    main.speed1=message;
                    break;
                case 15050:
                    main.speed2=message;
                    break;
                case 15100:
                    main.direct=message;
                    break;
            }
            if(false)
                break;
        }
        socket.close();
} catch(Exception e){}
```

该代码为接收 Socket 信号的应用，在进入循环后等待传感器传输数据，接收数据后将数据转化为 double 形式并接入对应端口号的线程，保存到提前设置好的变量中，如图 10.5 所示。

图 10.5　书写 receive 函数

6）设置不同端口号的线程：回到 Main 智能体中，打开工程面板，拖动 Udpser 智能体到画布中，设置其端口号为 15000，如图 10.6 所示。

图 10.6　设置端口号为 15000 的线程

同理，分别创建端口号为 15050 和 15100 的线程。

单击画布，在 Main 智能体行动"启动时"一栏处输入代码：

```
Thread t1=new Thread(udpSer1);
t1.start();

Thread t2=new Thread(udpSer2);
t2.start();

Thread t3=new Thread(udpSer3);
t3.start();
```

该代码表示在模型运行时，建立设置好的三个线程，如图 10.7 所示。

图 10.7　模型运行时建立线程

10.3　行人行走控制

1）设置行人坐标：打开智能体库，单击智能体并拖入画布中，出现选择创建智能体类型，按以下步骤依次选择：智能体群–创建新智能体–命名为 person–选择动画"行人"–不添加参数–创建初始为空的群–完成。

双击进入 person 智能体。打开智能体面板，拖动变量插件到画布中并命名为 x，设置其类型为 double，初始值为 200，如图 10.8a 所示；同理，设置变量命名为 y，作为行人的 y 坐标。

a）设置行人 x 坐标　　　　　　　　　b）设置行人 y 坐标

图 10.8　设置行人坐标

2）主行人移动流程：回到 Main 智能体中，打开行人库，拖动 PedSource 插件到画布中，设置出现在"点（x，y）"，坐标为游览的初始位置；到达根据设置为"inject() 函数调用"；添加行人到自定义群"persons"中；在"离开时"一栏处输入代码"man = ped；"，如图 10.9 所示。

图 10.9　调用函数设置行人出现

拖动 PedWait 插件连接至 pedSource 后，命名为 pedWait，设置其等待位置为"点（x，y）"，并在 x 坐标处输入代码"ped.x"，y 坐标处输入代码"ped.y"；设置延迟结束为"free() 函数调用时"，如图 10.10 所示。

拖动 PedExit 插件连接至 pedWait 后，命名为 pedExit 设置离开的智能体为"停留在原地"，如图 10.11 所示。

图 10.10　设置行人于坐标处等待　　　图 10.11　设置行人离开主智能体

拖动 PedEnter 插件连接至 pedExit 后，设置其出现位置为"点"，并在 x 坐标处输入代码"ped.x"，y 坐标处输入代码"ped.y"；设置其半径为 3，如图 10.12 所示。

pedEnter 出口处连接至 pedWait 左侧出口，完成主行人流程图的绘制，如图 10.13 所示。

图 10.12　设置行人返回主智能体　　图 10.13　控制主行人流程图

⚠ **注意**：控制主行人流程图不使用 pedGoTo 插件的原因是：需要通过实时传输的数据控制主行人的位置，而不能被 AnyLogic 内置的社会力模型影响。故采用 PedWait 插件控制主行人原地等待，数据接收一次，调用一次 free() 函数释放等待状态，通过离开和进入 Main 智能体的方式前往下一个位置。pedEnter 中设置的直径类似于社交距离。

单击画布，在 Main 智能体行动"启动时"一栏处添加代码：

```
Thread t1=new Thread(udpSer1);
t1.start();

Thread t2=new Thread(udpSer2);
t2.start();

Thread t3=new Thread(udpSer3);
t3.start();

pedSource1.inject();
```

该代码表示模型运行时产生一个主行人，如图 10.14 所示。

3）主智能体内添加变量和参数：拖动变量插件到画布中，并命名为 man，设置其类型为 Person；创建 alpha 变量，设置其类型为 double，并赋予初始值 3.141592，如图 10.15 所示。

图 10.14 模型运行时产生主行人

图 10.15 主智能体内添加变量和参数
a) 创建 man 变量
b) 创建 alpha 变量

拖动参数插件到画布中，命名为 deltaTime，设置其类型为 double，并设置默认值为 0.01。该参数表示传感器传输数据的帧率为 0.01，如图 10.16 所示。

4）添加第一次接收数据的动态事件：拖动事件插件到画布中，设置其发生时间为 1 秒，行动一栏处输入代码：

`create_NextStep(0.0);`

该代码表示添加第一次接收数据的动态事件，如图 10.17 所示。

图 10.16 主智能体内创建参数　　图 10.17 添加第一次接收数据的动态事件

5）书写更新行人位置的函数：拖动动态事件插件到画布中，行动一栏处输入代码：

```
// 设置 man 的速度、方向、下一目标点
traceln(speed1);
traceln(speed2);
traceln(direct);
traceln("\n");
double speed=Math.abs(speed1 - speed2)/10.0;
if(speed < 0.5){
    speed=0;
}else if(speed > 1.2){ //comfortableSpeed 只能在 [0, 10] 范围内
    speed=1.2;
}
alpha=alpha - direct * deltaTime * 3.141592 / 180;// 方向
double moveZ=speed * deltaTime;// 距离

// 下一目标点
man.x=man.getX() + cos(alpha) * 10 * moveZ;
man.y=man.getY() + sin(alpha) * 10 * moveZ;
pedWait.free(man);
man.setComfortableSpeed(speed);

create_NextStep(deltaTime);
```

该代码表示通过实时的速度数据和转角数据计算行人下一目标点位置。流程图会控制行人不断前往计算好的下一目标点的位置，如图 10.18 所示。

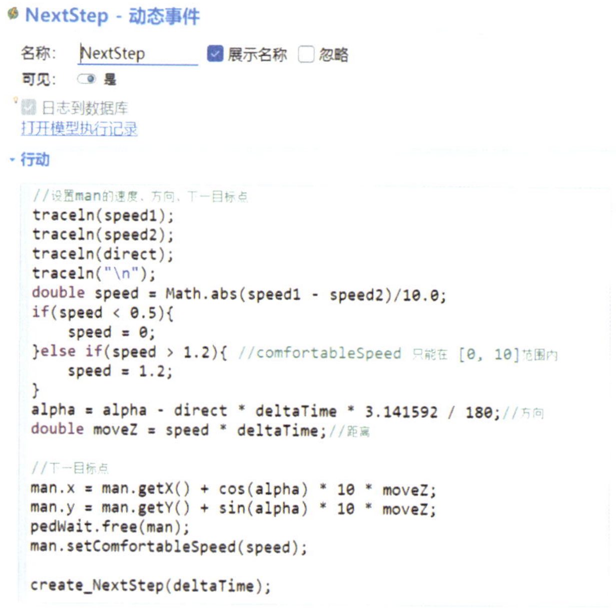

图 10.18　计算行人下一目标点位置

打开行人库,建立一个简单的行人行走流程图,该流程图控制其他行人自由行走,如图 10.19 所示。

图 10.19　控制其他行人自由行走流程图

⚠️**注意**:此处 pedGoTo 处设置的行人到达目标尽可能远,原因是每一个行人有对应的 id,当其他行人消失时,id 会改变,影响后续 Unity 中的行人匹配。

运行模型,观察数据接收情况,如图 10.20 所示。此时若传感器处于同一 IP 地址下,会有实时的传感器数据接入。

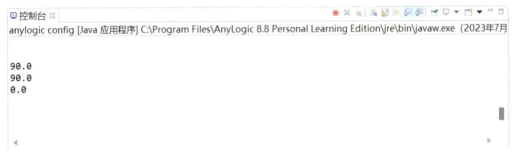

图 10.20　多线程数据接收情况

添加三维窗口,可观察到由行人模拟器控制的主行人与其他行人的交互,如图 10.21 所示。

图 10.21　主行人与其他行人交互

10.4 AnyLogic-VR 连接

由于在 AnyLogic 中没有 VR 接口，只能通过第三人称视角进行行人模拟，因此本节通过在 Unity 中 1:1 复现场景和行人行为，并连接 Oculus Rifts VR 眼镜，实现了第一人称视角模拟行人行走。

1）书写 sendMessage 函数：打开智能体面板，拖动函数插件到画布中，命名为 sendMessage。在函数体一栏处输入代码：

```
byte[] b=st.getBytes();
SocketAddress addr=new InetSocketAddress("localhost",5555);// 远程地址
try {
    DatagramSocket ds=new DatagramSocket(8888);
    ds.connect(addr);
    DatagramPacket dp=new DatagramPacket(b,b.length);
    ds.send(dp);
    ds.close();

}
catch (Exception e) {
    e.printStack Trace();
}
```

该代码为发送 Socket 信号的应用，"5555" 为 Unity 中的端口号。

书写 sendMessage 函数如图 10.22 所示。

图 10.22　书写 sendMessage 函数

2）书写向 Unity 中传输数据的函数：单击 NextStep 动态事件，在函数体一栏处添加代码：

```
// 设置man的速度、方向、下一目标点
traceln（speed1）;
traceln（speed2）;
traceln（direct）;
traceln（"\n"）;
double speed=Math.abs（spee1-speed2）/10.0;
if（speed<0.5）{
    speed=0;
}else if（speed>1.2）{//comfortableSpeed 只能在 [0, 10] 范围内
    Speed=1.2;
}
alpha=alpha-direct*deltaTime*3.141592/180; // 方向
double moveZ=speed*deltaTime; // 距离

// 下一目标点
man.x=man.getX()+cos(alpha)*10*moveZ;
man.y=man.getY()+sin(alpha)*10*moveZ;
pedwait.free(man);
man.setComfortableSpeed(speed);

String message="{";
for (int i=0;i<persons.size();i++){
    message=message+"id"+(i+1)+":"+
    "{"+"x:"+persons(i).getX()+",y:"+persons(i).getY()+"}";
    if(i<(persons.size()-1))
        message=message+",";
}
message=message+"}";
sendMessage(message);
create_NextStep(deltaTime);
```

该代码表示传输每个行人的 id 以匹配 Unity 中的对应行人并实时传输行人的坐标，控制行人移动，如图 10.23 所示。

3）Unity 中配置环境：在 Unity 中配置 Oculus Rifts VR 眼镜的开发环境，以便程序可以在 VR 中正确运行。

4）对行人及主行人赋值：对照 AnyLogic，在 Unity 中创建相同数量的行人及主行人，将其设为公共变量并在 Inspector 面板中为其赋值，如图 10.24 所示。

5）开启线程接收数据：编写 C# 脚本，在 Unity 中开启线程，利用 UDP 通信接收来自 AnyLogic 的全部行人 id 及位置信息。

6）更新行人位置信息：在 Update 函数中，通过 Move 方法传入每个行人的 id 及位置信息，对相应的对象进行角度及位置的控制，进而实现 AnyLogic 与 Unity 的同步。

图 10.23　向 Unity 中传输行人位置和 id

图 10.24　在 Unity 中对行人及主行人赋值

7）连接 VR 眼镜：将 Oculus Rifts VR 眼镜与计算机进行连接，运行 Unity 与 AnyLogic 程序，即可在 VR 中同步主行人的运动行为，从而实现行人模拟器与 AnyLogic 及 VR 的连接。

场景说明：被试的初始位置为马路中央，设置虚拟行人三名以固定距离向被试迎面走来。被试与第一个行人相遇后停下不避让，被试与第二个行人相遇后向右侧进行避让，被试与第三个行人相遇后向左侧进行避让。

行人模拟器的最终实现效果如图 10.25 所示。

a）被试正常行走

b）被试停止后，第一个行人进行避让

c）其余两个行人继续前进

d）被试向右避让，第二个行人向左避让

e）被试向左避让，第三个行人向右避让

图 10.25　行人模拟器的最终实现效果

课后习题

1）在 AnyLogic 中建立 UDP 通信，实现行人模拟器的连接。

2）在 Unity 中 1:1 复现场景并接收 AnyLogic 传输的数据。

参考文献

［1］刘亮. 复杂系统仿真的 Anylogic 实践［M］. 北京：清华大学出版社，2019.

［2］胡明伟. 行人交通仿真方法与技术［M］. 北京：清华大学出版社，2016.

［3］张布川. 基于社会力模型的广州南站应急疏散仿真研究［D］. 广州：华南理工大学，2020.

［4］姜艳婷. 基于 Anylogic 的道路交通信号灯优化研究［J］. 中国储运，2023(3): 181.

［5］许雅玺，梁迅，刘一. 基于 Anylogic 的机场安检流程研究［J］. 科技和产业，2022，22(10): 326-333.

［6］谭家磊，刘海力，陈云飞，等. 基于 Anylogic 的某高铁客运站人群疏散设施优化研究［J］. 安全，2021，42(8): 13-19.

［7］郭禹辰，李昌宇，刘昕政，等. 基于 AnyLogic 仿真的地铁应急疏散研究［J］. 铁道运营技术，2022，28(2): 51-54.

［8］刘尔辉，谭明基，崔丽娜，等. 基于 Anylogic 仿真和改进社会力模型的地铁站外安检区设计指标研究［J］. 交通与运输，2023，39(1): 6-11.

［9］刘婧蓉. S 机场航站楼突发事件旅客应急疏散研究［D］. 天津：中国民航大学，2022.

［10］XIE R, ZLATANOVA S, LEE J (Brian). 3D indoor environments in pedestrian evacuation simulations [J]. Automation in Construction, 2022, 144: 104593.

［11］SHI M, LEEM E W, MA Y. A newly developed mesoscopic model on simulating pedestrian flow [J]. Procedia Engineering, 2018, 211: 614-620.

［12］STUPIN A, KAZAKOVTSEV L, STUPINA A. Control of traffic congestion by improving the rings and optimizing the phase lengths of traffic lights with the help of anylogic [J]. Transportation Research Procedia, 2022, 63: 1104-1113.

［13］MARIN D V, KABALAN B, LEURENT F. On pedestrian traffic management in railway stations: simulation needs and model assessment [J]. Transportation Research Procedia, 2019, 37: 3-10.

［14］LI F, CHEN S, WANG X, et al. Pedestrian evacuation modeling and simulation on metro platforms considering panic impacts [J]. Procedia - Social and Behavioral Sciences, 2014, 138: 314-322.

［15］ZHANG L, LI M, WANG Y. Research on design optimization of subway station transfer entrance based on anyLogic [J]. Procedia Computer Science, 2022, 208: 310-318.

［16］ZUO J, SHI J, LI C, et al. Simulation and optimization of pedestrian evacuation in high-density urban areas for effectiveness improvement [J]. Environmental Impact Assessment Review, 2021, 87: 106521.

［17］GRIGORYEV I B. Anylogic 6 in three days [M]. Chicago：AnyLogic North America, 2012.

［18］BORSHCHEV A. The big book of simulation modeling [M]. Chicago: AnyLogic North America, 2013.